U0487303

中小学综合实践活动课程实施指导

（上）

主　编　徐显平　　苟秋香　　王　菲
副主编　郭永昌　　杨广超　　孙　亮

西南交通大学出版社
·成都·

图书在版编目（CIP）数据

中小学综合实践活动课程实施指导. 上 / 徐显平，
苟秋香，王菲主编. -- 成都：西南交通大学出版社，
2023.11
　ISBN 978-7-5643-9615-2

　Ⅰ. ①中… Ⅱ. ①徐… ②苟… ③王… Ⅲ. ①活动课
程 – 中小学 – 教学参考资料 Ⅳ. ①G632.3

　中国国家版本馆 CIP 数据核字（2023）第 240141 号

Zhongxiaoxue Zonghe Shijian Huodong Kecheng Shishi Zhidao (Shang，Xia)

中小学综合实践活动课程实施指导（上、下）

主编　　徐显平　苟秋香　王　菲

策 划 编 辑	罗在伟　周媛媛
责 任 编 辑	周媛媛
封 面 设 计	GT 工作室
出 版 发 行	西南交通大学出版社 （四川省成都市金牛区二环路北一段 111 号 西南交通大学创新大厦 21 楼）
营销部电话	028-87600564　028-87600533
邮 政 编 码	610031
网　　　址	http://www.xnjdcbs.com
印　　　刷	成都勤德印务有限公司
成 品 尺 寸	170 mm×240 mm
总 印 张	15.75
总 字 数	263 千
版　　　次	2023 年 11 月第 1 版
印　　　次	2023 年 11 月第 1 次
书　　　号	ISBN 978-7-5643-9615-2
套价（全 2 册）	98.00 元

编 委 会

主　编：　徐显平　　苟秋香　　王　菲

副主编：　郭永昌　　杨广超　　孙　亮

编　委：　陈青秀　　付丽霞　　贾　琳

　　　　　刘朝杨　　杨国成　　孙丽蓉

　　　　　王　欢　　赵　兵

2017 年 9 月 25 日，教育部印发了《中小学综合实践活动课程指导纲要》(简称《纲要》)，这为中小学综合实践活动课程性质、目标、内容、活动方式提供了遵循，全国中小学校及各类校外综合实践教育基地在《纲要》和教育部门的指导下积极挖掘当地资源，结合实际开发了较多地方教材和校本教材，中小学综合实践活动课程内容变得越来越丰富。

本书以广元市示范性综合实践基地为例介绍校外综合实践基地办学规模、办学理念、办学宗旨以及文化建设、教学设施、课程设置、资源利用、运营管理等做法。该基地是教育部支持建设的国家级综合实践基地，同时作为全国中小学研学实践教育营地，一方面加强自身建设，不断丰富课程内容，满足中小学生综合实践教育需要；另一方面积极整合周边资源，统筹利用各类生活场所和社会机构，建成了一批中小学劳动与实践基地，拓宽了社会教育资源和载体，在提升中小学生综合素质方面作出了较好探索。本书还介绍了广元市内多个实践基地的研学资源、师资配备、课程开发、组织实施等情况，旨在为各中小学规范、系统地组织开展综合实践活动，有效地开发设计实践活动课程提供示范。

本书分为上下两册，上册对基地建设与运营、资源整合与利用、课程开发与设计、活动组织与实施、办学质效与远景规划等都作了介绍，同时辅以相关工作经验和实际案例，尽可能展现综合实践活动课程的校本性、开放性、实践性、动态生成性等特点，让实践课程教学目标更明确、内容更具体、形式更灵活。

下册汇集了部分具有代表性的广元研学基地及其课程建设。近年来，广元市积极探索劳动与综合实践教育，通过集中组织与自主实施相结合，全面推动中小学生劳动与综合实践活动课程落实，在促进学生健康成长和全面发展等方面发挥了重要作用，积累了丰富经验。一是地方高度重视。财政投入资金1.55亿元，建设示范性综合实践基地1所，该基地先后被教育部命名为"国家级示范性综合实践教育基地""全国中小学生研学实践教育营地"。二是行业联动合力。教育、文旅、交通、消防、人防、红十字会、司法、卫生、环保、金融等行业部门纷纷助力，实现课程设施共建、教育资源互通、社会效益共享。三是资源整合有效。聚合地方传统文化、非遗文化、名胜古迹、自然景区、红色教育、博物馆、工业园区、农林牧副渔等资源，通过教育赋能、转型利用等措施，创建为研学实践基地和劳动实践基地。四是示范引领高能。以广元市示范性综合实践教育基地为课程研发和活动实施的中心，全域带动全市中小学校的综合实践活动课程设置与规划，实现学校内外结合、多元发展的社会实践大课堂。五是活动开展有序。按照市级管总、县区协同、学校落实的三级管理体系，市教育局下达年度课程计划和活动方案，对八年级和五年级学生进行统筹，以活动周形式集中在市示范性综合实践基地授课，其他年级学生由地方和学校自主实施。

截至目前，广元开展了三批次"中小学生研学实践教育基地"创建，命名市级研学实践教育基地 45 个；开展了两批次"中小学生劳动实践教育基地"创建，命名市级劳动教育基地 24 个；遴选中小学生研学实践教育活动承办机构 13 家。广元全面落实国家教育方针，切实推动基础教育综合改革，在促进教育内涵发展上狠下功夫，守正创新、砥砺奋进，形成了中小学生广泛参与、活动品质持续提升、组织管理规范有序、基础条件保障有力、安全责任落实到位、文化氛围健康向上的良好社会环境，建成了"以营地为枢纽、基地为站点"的实践教育网络体系。因篇幅有限，下册仅选录部分实践基地的课程设计及教育资源，供学校和老师们参考。

本书编写时间仓促，过程中难免有不足之处，真诚希望各位同行及广大师生提出宝贵意见，我们将集思广益，不断修订，力求更加完善。

《中小学综合实践活动课程实施指导》编写组
2023 年 5 月

目　录

走迷宫泡

基 地 概 况

　　广元市示范性综合实践基地是教育部、财政部 2013 年批准的由中央彩票基金支持的建设项目，属国家级示范性综合实践基地。基地占地面积 8.99 万平方米，建筑面积 1.5 万平方米，总投资 1.55 亿余元；现有教职工 58 人，其中，特级教师 1 名，正高级教师 1 名，高级教师 15 名。综合实践基地先后被评为"四川省青少年实践教育基地""四川省科普教育基地""四川省中小学生研学实践教育营地""全国中小学生研学实践教育营地""国家生态环境科普基地"等。

　　基地建有科技创新、科普体验、生态环保、人民防空等 16 个体验场馆，30 多个实训体验室，以及多功能学术厅、学生公寓、学生食堂，能同时容纳 750 人，每年可接纳 3 万余名市内外中小学生和干部群众参加实践体验和职业拓展培训活动。基地开设生存体验、科学探究、素质拓展、专题教育、研学实践、劳动教育六大领域 170 余门实践活动课程，开发了"蜀道行""天府行""华夏行"三大板块 42 条精品研学线路，研发了以"五探寻"为主题的精品研学课程 56 门。

　　基地围绕"注重立德、强化实践、引导创新"的办学宗旨，坚持"五育并举、实践育人"教育理念，组织开展市内中小学生综合实践教育活动、劳动教育活动；负责市内中小学生市级实践技能竞赛、干部职工拓展培训、综合实践课程教师培训；负责全市中小学综合实践活动、劳动教育的指导和评估；负责全市综合实践活动课程、研学实践教育课程、劳动教育课程的资源开发、指导、组织和管理，努力为培养具有社会责任感、实践能力和创新精神的新时代建设者贡献力量。

基础设施

图 1-1　基地大门

图 1-2　基地全景

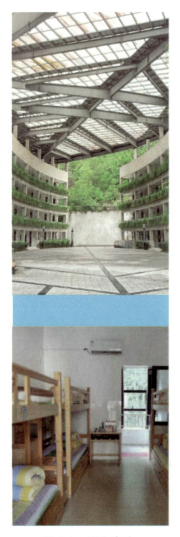

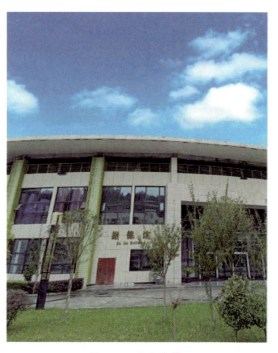

图 1-4　学生食堂

图 1-3　学生宿舍

图 1-5　就餐环境

教学功能区

广元市示范性综合实践基地建有实践教学功能区 6 个，分别为：

1. 非遗传承区

麻柳刺绣室、茶艺室、陶艺室、雕刻室、烙画室。

2. 科技实践区

趣味物理、7D 影院、机械韵律、智能机器人、9D VR 科技体验、3D 打印、科技初体验、航天科技。

3. 生存体验区

模拟驾驶、防震减灾、生命健康、模拟航海、环保体验馆、应急救护体验馆、食品制作与检测室、法治馆。

4. 国防教育区

猎战射击、室内射击、真人 CS、人防科普。

5. 素质拓展区

高空攀岩、信任背摔、中空训练、水上六桥。

6. 农耕文化区

蔬菜种植园、花卉栽培园、川北农耕馆。

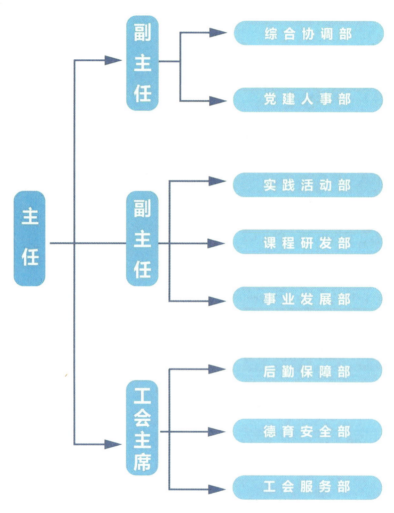

图 1-6　广元市示范性综合实践基地管理体系

社 会 资 源

一、全国研学营地

（一）2017年全国中小学生研学实践教育营地

乌鲁木齐市市青少年综合实践教育中心、呼伦贝尔市海拉尔区素质教育实践学校（北师高级中学）、伊春市中小学生综合实践学校、晋中市中小学示范性综合实践基地、济源市示范性综合实践基地、西安市中小学校外综合实践活动基地、长沙市中小学素质教育实践基地岳麓营地（长沙市示范性综合实践基地）、广西壮族自治区玉林市示范性综合实践基地、石家庄市青少年社会综合实践学校、潍坊市中小学生示范性综合实践基地（潍坊市实验学校）、临沂市青少年示范性综合实践基地、青少年校外活动营地——东方绿洲、铜陵市示范性综合实践基地、泉州市示范性综合实践基地。

（二）2018年全国中小学生研学实践教育营地

广元市示范性综合实践基地、泸州市教育实践基地、阿勒泰地区福海县青少年活动中心、张掖市示范性综合实践基地、兰州市中小学综合实践基地、西宁市中小学生社会实践教育中心、海东市互助县中小学生社会实践教育中心、包头市中小学社会综合实践教育中心、大同市示范性综合实践基地、渭南市示范性综合实践基地、宜昌市青少年实践教育基地、荆门市示范性综合实践基地、龙岩市示范性综合实践基地、大兴安岭地区中小学综合实践学校、白城市示范性综合实践基地、四平市中小学社会实践教育中心、盘锦市示范性综合实践基地、北京市自动化工程学校、大连金普新区素质教育活动中心、镇江市青少年活动中心、南京市未成年人社会实践行知基地、滁州市示范性综合实践基地、金山区青少年实践活动中心、杭州市萧山区青少年素质教育实践基地、衢州市中小学素质教育实践学校、吉安市示范性综合实践基地。

二、广元市研学基地

青川县战国木牍文化生态园景区、唐家河景区、清溪古镇、青川地震遗迹国家地质公园、天曌山景区、花花世界、大蜀道文化体验中心、皇泽寺、

千佛崖、无花果基地、双凤现代农业园（桃博园）、李榕纪念馆、剑门蜀道剑门关旅游区、昭化古城景区、金源顺农庄、柏林沟景区、明月峡、曾家山景区、鑫泰绿色度假村、曾家山鸳鸯池林场、广元市示范性综合实践基地、四川省广元中学、广元市博物馆、卡尔海洋世界、米仓山自然保护区、中国红军城、四川三会研学教育基地、苍溪县秀艺毯业、苍溪县梨文化博览园、红军渡·西武当山景区、苍溪药文化博览园、木门军事会议纪念馆。

三、广元市劳动教育基地

白龙茶叶劳动教育基地、广胜食用菌种植劳动教育基地、川晟农业劳动教育基地、安林辉蚕业劳动教育基地、菜根香蔬菜劳动教育基地、核桃产业劳动教育基地、千堆雪饮品劳动教育基地、西郊印象玫瑰园劳动教育基地、荷花苑劳动教育基地、范家小学劳动教育基地、复梦园劳动教育基地、四季秀生态劳动教育基地、桃博园劳动教育基地、双旗美村劳动教育基地、五指山劳动教育基地、剑山未见山劳动教育基地、金色家园劳动教育基地、广元市示范性综合实践基地、广元市职业高级中学劳动教育基地、百夫长清真饮品劳动教育基地、无花果劳动教育基地、庚辰工艺品劳动教育基地、金源顺劳动教育基地、昭化药博园劳动教育基地、枣林茶业劳动教育基地、三合茶业劳动教育基地、三会劳动教育基地、秀艺毯业劳动教育基地、苍溪药博园劳动教育基地。

内涵发展

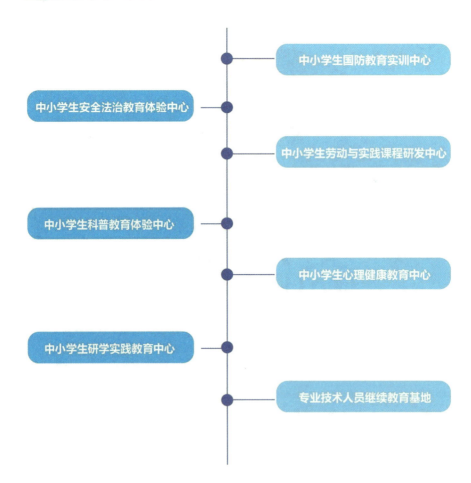

图 2-1　广元市示范性综合实践基地发展定位

育人目标

以立德树人为根本任务，为全面实施素质教育提供活动载体和搭建实践平台，真正落实实践育人目标，培育德智体美劳全面发展的时代新人。

一、实践能力

以实践操作和体验活动为主要形式，强调学生亲身经历体验，要求学生在"考察""探究""实验""调查""访问""制作""劳动""服务"等一系列活动中发现和解决问题，体验和感受生活，发展实践能力。

二、创新精神

根据学生年龄特点、心理特点和成长规律制定活动方案，注重学生综合素质的培养。鼓励学生发挥自己的个性特长，施展自己的才能，激励学生积极进取、勤于实践、勇于创新，不断培养学生的创新精神。

三、社会责任感

结合地域特色、传统文化和学生家庭生活实际，开展适合不同年龄段学生特点的劳动与实践教育活动，教育引导学生端正态度、崇尚科学、尊重劳动，养成良好的习惯，增强社会责任感。

综合实践

《中小学综合实践活动课程指导纲要》（教材〔2017〕4号）指出，综合实践活动是国家义务教育和普通高中课程方案规定的必修课程，与学科课程并列设置，是基础教育课程体系的重要组成部分。我们充分利用基地内场馆设施设备教育教学资源，努力开发实践基地内的课程，目前，已在生命生存、科学探究、素质拓展、生态环境、研学实践、专题教育六大领域研发了 200 余个活动课程资源。课程目标立足价值体认、责任担当、问题解决、创意物化四个维度，让学生从个体生活、社会生活及与大自然的接触中获得丰富的实践经验，逐步形成对自然、社会和自我之内在联系的整体认识，引导学生综合运用各学科知识，认识、分析和解决现实问题，着力发展核心素养，培养社会责任感、创新精神和实践能力，以适应快速变化的社会生活、职业世界和个人自主发展需要，迎接信息时代和知识社会的挑战。

一、生命生存领域

（一）生命生存领域的定义

生命生存领域包括人防科普，交通安全，消防演练，防震减灾，禁毒防艾，创伤救护，心肺复苏，模拟驾驶，地震逃生演练，户外中（高）空拓展项目体验，真人 CS，常见病预防等课程。

该领域课程通过对基础知识的讲解，增强学生在安全方面的意识与认知，提升应急能力与自救能力。

（二）生命生存领域课程设计案例

消防安全

一、主题说明

"消防安全"即预防和解决（扑灭）火灾的安全措施。消防安全工作也是一项知识性、科学性、社会性很强的工作，涉及各行各业、千家万户，与经济发展、社会稳定和人民群众安居乐业密切相关。

所以只有在全社会普及消防法规和消防科技知识，提高全民消防意识，增强全民防范与扑救能力，才能有效地预防和减少火灾的危害，保护生命安全。

二、课程目标

● 价值体认：通过课程讲解和模拟体验，认识到消防安全的重要性，引起对火灾隐患的高度警惕和重视，培养学生关爱生命、尊重生命、敬畏生命、热爱生命、保护生命和珍惜生命的意识。

● 责任担当：通过对灭火器和消防栓水带使用方法的理论知识讲解与实操，树立防火意识，规劝他人，同时提高学生火灾应急处理的参与意识，培养学生对社会的责任心和使命感。

● 问题解决：通过理论知识讲解与体验，使学生掌握火场逃生自救的基本方法，提高学生的自救能力，增强自我保护意识和防护能力。

● 创意物化：通过对消防知识的了解与学习，体会消防工作者的劳动艰辛，大胆提出自己的新观点、新思路，结合现代科技，培养创新精神。

三、适用学段

小学高段、初中。

四、实施条件

教具清单：模拟灭火器、快插式水带、灭火毯、课堂记录表。

五、安全措施

● 所有进馆人员须严格遵守本馆规章制度，服从工作人员管理，自觉遵守和维护公共秩序；

● 非开放时间除工作人员外，任何人不得擅自进入消防安全体验馆；

● 带队教师进入体验馆要主动登记，在规定的出入口出入，在未了解设备设施操作规程前不得擅自用设备设施；

● 学生在带队老师的带领下由指定入口有序入馆，入馆后要自觉遵守管理规定，不得随意走动；

● 严禁携带易燃、易爆、易腐蚀等危险物品入内，严禁动用明火、吸烟、擅自触动设备设施等；

● 严禁在馆内乱刻乱画、乱扔垃圾；

● 爱护馆内设备设施，轻拿轻放，严禁随意挪动馆内器材，损坏按价赔偿；

● 禁止大声喧哗，禁止吐痰，禁止在馆内吃零食；

● 严禁随意触摸电源开关。

六、教学设计

（一）教学重点

消防安全知识和灭火求生技能。

（二）建议课时

2课时。

（三）教学过程

1. 消防安全基础知识教育讲座

讲解火灾的定义、火灾预防的基本概念、灭火的方法、火灾的种类、灭火器、灭火毯、水带的使用方法；认识消防标志、家庭用电用气安全常识及火场的基本逃生术。

2. 参观消防安全体验馆

消防安全体验馆是进行消防安全教育的有效资源，将消防安全的相关法律知识的学习融入生动活泼的互动活动中，寓教于乐，贴近生活，贴近实际。

（1）前言部分：介绍体验馆的区域构成，强调进入场馆需要遵守的纪律、注意事项及活动形式，先集体讲解后分组活动。

（2）认识消防标志牌，并普及消防安全常识：

● 火灾的定义：火灾是在时间或空间上失去控制的燃烧所造成的灾害，凡是失去控制并造成人身或财产损害的燃烧现象均可称为火灾。

● 消防工作的目的：预防火灾和减少火灾的危害。保护公民人身、公共财产安全，维护公共安全，保障社会主义现代化建设的顺利进行。

● 消防的方针："预防为主，防消结合"，坚持专门机关与群众相结合的原则。

● 燃烧的基本条件：一定物质燃烧的温度（引火源）、助燃物（氧或氧化剂）、可燃物。

（3）灭火的基本方法：

● 冷却法：降低燃烧物的温度，使温度低于燃烧点，火就会熄灭。

● 隔离法：使火物与火源隔离，即将燃烧物或燃烧物附近的可燃物质隔离或移开，不使火势蔓延而终止其燃烧，从而使火熄灭。

● 窒息法：阻止空气流入或用不燃烧的物质冲淡空气，使燃烧物得不到足够的氧气而熄灭。

● 抑制法：往火物上直接喷射气体干粉等灭火剂覆盖火焰，中断燃烧链式反应。

（4）火灾的分类：

● 固体物质火灾：如木材、棉、麻、纸张等燃烧的火灾。

● 油类液体和可熔化的固体物质火灾：如汽油、煤油、原油、甲醇、乙醇、沥青石蜡等燃烧的火灾。

● 气体火灾：如煤气、天然气、甲烷、乙烷、氢气等导致的火灾。

● 金属火灾：如钾、钠等燃烧的火灾。

● 带电燃烧火灾。

● 家用油脂类火灾。

（5）灭火器的分类：按移动方式分为手提式与推车式；按灭火剂种类分为泡沫、干粉、卤代烷、清水等。

（6）灭火器的储存：灭火器应放置在通风、干燥、阴凉并取用方便的地方，避免高温、潮湿和有严重腐蚀的场所。

（7）灭火器的使用：提起灭火器—拔下保险销—用力下压握把—对准火源根部左右均匀扫射。

注意事项：经常检查灭火器压力阀，指针应指向绿色区域，红色区域代表压力不足，黄色代表压力过高；灭火器必须竖立使用。保险销拔掉后，喷管口禁止对人，以防伤害。

（8）消防栓与水带的使用：

● 拉开防火栓门，取出水带、水枪；

● 检查水带及接头是否良好，如有破损，禁止使用；

● 向火场方向铺设水带，注意避免扭折；

● 将水带与消防栓连接，将连接扣准确插入滑槽，并按顺时针方向拧紧；

● 连接完毕后，至少有 2 名操作者紧握水枪，对准水源（严禁对人，避免高压伤人），另外一名操作者缓慢打开消火栓阀门至最大，对准火源根部喷射进行灭火，直到将火完全扑灭。消防水带灭火后，须打开晒干水分，并经检查确认没有破损，才能折叠到消防栓内。

（9）灭火毯的使用方法：灭火毯又叫消防毯。它是由耐火性较好的玻璃纤维经过特殊处理编织而成，具有一定的抗拉强度。它能起到隔热和扑灭初期火焰的作用。它利用本身的不燃性，覆盖在可燃物上，从而阻断燃烧物获取空气中氧气的能力，达到燃烧窒息的目的，自然而然火就灭了。

（10）消防标志：由以图像为主要特征的图形符号或文字、安全色、边框构成的标志，用来表达与消防有关的安全信息。安全色分为四种颜色：红色

表示禁止、停止的意思；黄色表示注意、警告的意思；蓝色表示指令、必须遵守的意思；绿色表示通行、安全和提供信息的意思。按材质分类，消防标志有电光源型消防安全标志、蓄光型消防安全标志、逆向反射消防安全标志、荧光消防安全标志、搪瓷消防安全标志。

（11）家庭火灾隐患：火炉旁不要放置易燃物；定期清洗抽油烟机油垢；燃气软管定期检查更换；检查电线有无故障；不要在插座上连接多个大功率电器，人不在切断电源；易燃易爆物品安全存放，烟头要及时熄灭；及时清理杂物，不要堆积可燃物；防盗窗加装逃生门；不能挪用消防设施，随时保持消防通道畅通。

（12）家庭发生火灾时应该怎么办：迅速拨打119；报警时讲清楚详细地址、起火部位、着火物质、火势大小、报警人姓名及电话号码，并派人到路口等候消防车；沉着、冷静，如果火势不大，应迅速利用家中备有的灭火器采取有效措施控制和扑救火灾；如果油锅起火，不能泼水灭火，应关闭炉灶燃气直接盖上锅盖或用湿抹布覆盖；燃气罐着火要用浸湿的被褥、衣物捂盖灭火并迅速关闭阀门。

（13）家用电器或线路着火先切断电源再用干粉等灭火器灭火。

（14）高层建筑发生火灾如何正确逃生自救：保持头脑冷静是正确逃生的关键；逃离时随手关门，这样可以控制火势，延长逃生的时间；不要贪恋财物、不要乘坐电梯；按疏散指示标志从最近的安全出口逃离火场；当逃离人员众多一定要有序撤离，千万不要争先恐后、互相拥挤，以免发生踩踏事故；穿过浓烟区时应用湿毛巾捂住口鼻，弯腰、扶墙沿正确的逃生路线逃生，也可匍匐前进；在逃出着火带前，应把全身浇湿或用浸湿的棉被、毯子裹住身体；穿越着火带时，应屏住呼吸迅速果断冲过；当向下的逃生通道被浓烟或烈火封堵时，可沿疏散通道逃向天台等待消防云梯或直升机的救援；如果身上着火，先设法把衣、帽、裤脱掉，也可卧倒在地上打滚，把身上的火苗压熄或跳入就近的水池、水缸、小河中把身上的火熄灭。

二、科学探究领域

（一）科学探究领域的定义

科学探究领域包括声光电磁力科普、汽车构造、智能机器人、幻影成像、7D（9D）VR科技体验、3D打印、环保科普、新能源运用、微电影拍摄与制作、学生科普剧、科学秀编创和表演、趣味科技体验、智慧互联、非编程机器人搭建、趣味物理、创意搭建、航天科技体验、人防科普、新能源实验、机器人编程等课程。

该领域课程通过在课程中引导学生不断发现问题，解决问题，并在这个过程中学会利用科学的知识解决问题，帮助学生形成科学观念并利用科学的研究方法来展开学习。

（二）科学探究领域课程设计案例

搭建风扇

一、主题说明

手表指针之间的传动、电风扇的摇头装置、空调的摆风装置、自行车的变速、汽车的变速箱、洗衣机的转动，以及同学们使用的一些玩具、文具等，这些机器里面都有齿轮的影子，齿轮在生活中可以说是无所不在、无处不有。齿轮与齿轮构成的齿轮传动装置可完成减速、增速、变向等功能，是机械装置中进行力的传递最为常见的一种传动方式。

此次活动我们将从生活经验入手，通过对生活中齿轮的观察，了解齿轮在机械传动中的应用，知道利用机械可以提高工作效率，了解一些简单的机械使用。

二、课程目标

● 价值体认：体验搭建风扇的过程，发展兴趣专长，在动手的过程中形成积极的劳动观。

● 责任担当：激发学习兴趣、增强劳动意识，同时形成较强的时间观念和团队合作与沟通的能力。

● 问题解决：通过对生活中齿轮的观察，发现齿轮的奥秘，了解机械可以提高工作效率，养成善于思考和解决问题的好习惯。

● 创意物化：利用所学知识结合自己的创意设想，设计搭建一个自己的风扇。

三、适用学段

小学 4～6 年级。

四、实施条件

教具清单：创新课程传动机构套装。

进行分组，4～6 人一组，每组配置一套创新课程传动机构套装。

五、安全措施

● 不得私自启动场馆内各种电器设备；

● 不得在场馆内大声喧哗，追逐打闹；

● 按照指导教师要求，进行规范操作。

六、教学设计

（一）教学重点

认识齿轮及齿轮传动的原理与特点，运用齿轮传动原理搭建迷你风扇。

（二）建议课时

4 课时。

（三）教学过程

1. 导入活动主题，确认活动目标

当炎炎夏日来临，轻轻转动小风扇就可以给我们带来丝丝凉意。本次课程的学习任务就是自己动手，利用创新课程传动机构套装，制作一台这样的手摇风扇。学生要完成这个任务，首先需要认识一个重要零件——齿轮。

（1）发现身边的齿轮：

首先，找一找生活中的齿轮。除了常见的小风扇，你知道还有哪些机器里面有齿轮的影子？

手表、自行车、汽车……

（2）齿轮的定义与分类：

● 齿轮的定义：

师：我们生活中有这么多含有齿轮的物品，你能用自己的话来描述一下什么是齿轮吗？

生：圆形、边缘有齿、有轴、可以转动……

齿轮：轮子边缘有齿，能连续啮合传递运动和动力的机械元件。

● 齿轮的分类：

根据对齿轮特点的描述，在套件箱中找出所有的齿轮，并给它们做个简单的分类。

师：当然，齿轮不止这几种，在后续的课程中我们将继续认识其他形态的齿轮。

（3）齿轮传动的原理与特点：

师：齿轮在我们生活中的应用非常普遍，齿轮的种类也很多。不同的齿轮相互组合，能实现不同的功能，接下来我们就一起动手操作，探究齿轮传动的原理与特点吧！

直齿轮　　　　　　　内啮合齿轮　　　　　　冠齿轮

图 2-2　齿轮的分类

● 直齿轮和冠齿轮在使用时有什么区别呢？

直齿轮是一种最为常见的齿轮。当一对直齿轮正确地啮合在一起时，安装在它们上的轴是相互平行的。因此，直齿轮用于两根平行的轴上。

而长得像王冠的冠齿轮，当它与直齿轮正确地啮合在一起时，安装在它们上的轴是相互垂直的。因此，冠齿轮用于两根垂直的轴上。

● 主动齿轮与被动齿轮。

师：在一号平板上安装两个轴承，分别将 40 和 50 的小方管穿在轴承的孔里，再分别安装 12 齿齿轮和 28 齿齿轮。

师：这样我们就做好了一个最简单的齿轮传动装置。分别转动大小齿轮的轴，观察它们的转向、转速，同时感受你的用力情况。

在外力作用下转动的齿轮叫作主动齿轮，而在主动齿轮带动下转动的齿轮叫作被动齿轮。

● 费力加速装置和减速省力装置。

大齿轮带动小齿轮转动可以提速，但转动更费力，称为费力加速装置；小齿轮带动大齿轮转动可以省力，但速度会减慢，称为减速省力装置。

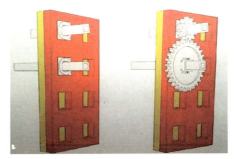

图 2-3　主动齿轮与被动齿轮

● 齿轮的作用。

齿轮的作用：传递动力、改变运动的速度和方向。

多个齿轮并排传动的过程中，相邻的两个齿轮转动方向相反；相隔的两个齿轮转动方向相同。

传统齿轮的连接方式是多种多样的，根据不同的需要可以设计各种不同齿数比的齿轮传动装置。

2. 套件功能学习

师：万丈高楼是由一砖一瓦建成的，创新项目也得从一个一个零件拼拼搭搭做起。在进行搭建之前，让我们来认识一下手中的套件内容吧。根据它们的功能，我们把创新课程传动机构套装分为结构件、连接件、传动件三类，下面一一来认识一下它们吧！

（1）结构件：

结构件就如同盖房子用的砖头，是构建项目最基础的组件，这些结构件分为点、线、面三种类型，彼此之间可以直接连接或者借助连接件连接并进行三维扩展，构建三维空间里的项目模型。

表 2-1　三维结构的基础组件

序号	类型	基础组件			
A	点	正立方体	半高立方体	45°斜方	60°斜方
B	线	梁 160/240/300/320	20 mm 外径		
		多孔梁　五孔梯	10 mm 外径		
C	面	小平板	5 mm 厚度		
		1 号平板	2 号平板	3 号平板	4 号平板　10 mm 厚度

（2）连接件：

连接件类似盖房子用的水泥，它提供一种合适的方式将结构件彼此连接起来。

一些结构件不需要额外的连接组件就能够相互连接，如立方体和梁。其余大部分结构件都要借助连接件才能连接。结构件有点、线、面三种类型，相对应地，连接方式也分为点与点、点与线、点与面、线与线、线与面、面与面之间的连接。

表 2-2　连接件列表

序号	连接方式	连接件类型			
A	点与点连接	立方体连接器			
B	点与线、点与面连接	短插销		长插销	
C	线与线连接	圆管（40）	圆管（80）	梁支架	
D	线与面连接	短插销		长插销	
E	面与面连接	中 L 型连接器（垂直关系）		中 H 型连接器（平行关系）	
F	其他连接	中 A 型连接器	小 A 型连接器	小特 A 型连接器	五孔梯

（3）传动件：

传动件主要用于传递动力或者改变运动的方向和速度，这些组件在设计时同时考虑了灵活性与易用性，因此组合效率高，而且能够实现多种传动方式，包括齿轮传动、齿轮齿条传动、涡轮蜗杆传动、皮带传动、螺旋传动等。

表 2-3　传动件列表

序号	类型	传动件类型					
B	传统齿轮	12 齿齿轮	14 齿齿轮	20 齿齿轮	28 齿齿轮	12/28 组合齿轮	52 齿内齿轮
C	带轴的蜗杆及齿轮	蜗杆				12 齿耦合器	
D	齿条	齿条					
E	轴承	轴承		滑动轴承		关节件	

3. 动手实践

认识完齿轮及齿轮传动的原理，接下来我们就来动手搭建风扇的结构。

（1）画一画：思考并讨论，你们打算搭建一个什么样的风扇，它具备哪些功能和特征，试着在下面画出它的草图。

功能：_____

_____

特征：_____

_____

（2）搭一搭：将你的设计理念记录下来，并根据设计图纸，利用创新课程套件内容搭建风扇。

4. 成果展示交流分享

以小组为单位进行成果展示：展示迷你风扇。

三、素质拓展领域

（一）素质拓展领域的定义

素质拓展领域包括队列训练、军事内务、军体拳和格斗术、模拟射击、真人 CS、高空拓展训练、场地拓展训练、水上拓展训练、攀岩、才艺展示等课程。

该领域课程通过课程设计，培养学生健康的心态和积极进取的人生态度，帮助学生正确看待自身的优缺点，提高自我认识的能力，同时也锻炼了学生的身体素质与团队协作能力。

（二）素质拓展领域课程设计案例

军事列队训练

一、主题说明

队列，是开展集体活动必不可少的组织形式，凡是集体活动，都离不开队列。队列训练是按照《中国人民解放军队列条令》规定内容进行的各种制式训练，通过规范的动作训练使部队整齐划一，有助于培养青少年的高度责任感和整体观念以及严肃认真履行职责的习惯；培养令行禁止、团结奋进的团队精神；增强青少年体质，对提高队伍的整体战斗力具有重要意义。

本课程将通过队列训练，培养青少年团结协作的团队精神，同时使他们感受军营生活的乐趣。

二、课程目标

● 价值体认：通过参加军事列队训练，形成国家认同，同时培养勇于迎接挑战、不怕困难的积极的价值观。

● 责任担当：让学生掌握基本队列训练方法，感受军营集体生活的乐趣，培养集体意识、荣誉意识，激发民族自豪感，培养学生对中华民族的热爱之情，同时培养学生吃苦耐劳的品质，养成独立的生活习惯。

● 问题解决：通过队列训练，提高学生身体素质，培养学生吃苦耐劳的品质，让学生熟练掌握技能并增强其综合运用技能解决问题的能力。

● 创意物化：通过参加训练，体会职业劳动的艰辛，感受各行各业的职业精神，并在实操体验中融入大胆想象，体现创新创意，同时感受并传承坚守执着的精神。

三、适用学段

小学 4～6 年级、初中、高中。

四、实施条件

教具清单：迷彩服、军靴。

按连分组，每连人数不定，最多不超过 70 人。

每连选出 1 名连长，负责本组纪律、安全、卫生；1 名发言人，负责做活动记录和总结发言。

五、安全措施

注意安全，令行禁止，一切行动听指挥，严格遵守队列纪律；

克服环境及天气带来的不良影响；

不得私自脱离队伍，不打闹，不乱跑，不大声喧哗，礼貌待人；

认真听、仔细看、用心体会，尽早掌握动作要领。

六、教学设计

（一）教学重点

队列训练的方法。

（二）建议课时

4 课时。

（三）教学过程

1. 第一个科目：立正、稍息、跨立

（1）立正：

立正是军人的基本姿势，是队列动作的基础，在宣誓、接受命令、进见首长和向首长报告、回答首长问话、升降国旗、迎送军旗、奏响国歌和军歌等庄重严肃的时机和场合，均应当立正。

● 口令：立正。

● 动作要领：听到"立正"口令后，两脚跟靠拢并齐，两脚尖向外分开约 60°；两腿挺直；小腹微收，自然挺胸；上体正直，微向前倾；两肩要平，稍向后张；两臂下垂，自然伸直，手指并拢自然微曲，拇指尖贴于食指第二节，中指贴于裤缝；头要正，颈要直，口要闭，下颌微收，两眼向前平视。

（2）稍息：

● 口令：稍息。

● 动作要领：左脚顺脚尖方向伸出约全脚的三分之二，两脚自然伸直，上体保持立正姿势，身体重心大部分落于右脚。稍息过久，可以自行换脚。

（3）跨立：

● 口令：跨立。

● 动作要领：当听到"跨立"口令后，左脚向左跨出约一脚之长，两腿挺直，上体保持立正姿势，身体重心落于两脚之间。两手后背，左手握右手手腕，拇指根部与外腰带下沿（内腰带上沿）同高；身体挺直，肩部外展，右手手指并拢自然弯曲，手心向后。

（4）训练步骤与方法：

① 立正手形练习：

口令：手形定位练习，1、2。

要领：听到"1"的口令，两手向前平伸，掌心相对（检查手形是否正确）。听到"2"的口令，两手收回原处。

②立正、稍息练习：

立正与跨立互换练习。

持久站立练习。

要领：按立正的动作要领站好，持续一段时间，时间可由短到长，养成习惯。

2. 第二个科目：整齐、报数

（1）整齐：

讲解：整齐，是使队列人员按规定的间隔、距离，保持行、列齐整的一种队列动作。整齐分为向右（左）看齐和向中看齐。

口令：向右（左）看——齐，向前——看。

●动作要领：基准兵不动，其他士兵向右（左）转头，眼睛看右（左）邻士兵腮部，前4名能通视基准兵，自第5名起，以能通视到本人以右（左）第3人为标准；后列人员，先向前对正，后向右（左）看齐；听到"向前——看"的口令，迅速将头转正，恢复立正姿势。

●口令：以×××为准，向中看——齐，向前——看。

●动作要领：当指挥员指定"以×××为准（或者以第×名为准）"时，基准兵答"到"，同时左手握拳高举，大臂前伸与肩略平，小臂垂直举起，拳心向右；听到"向中看——齐"的口令后，其他人员按照向左（右）看齐的要领实施；听到"向前——看"的口令后，基准兵迅速将手放下，其他士兵迅速将头转正，恢复立正姿势。

一路纵队看齐：

一路纵队看齐时，可以下达"向前——对正"的口令。

（2）报数：

●口令：报数。

●横队从右至左（纵队由前向后）依次以短促洪亮的声音转头（纵队向左转头）报数，最后一名不转头。数列横队时后列最后一名报"满伍"或"缺××名"。

3. 第三个科目：停止间转法

（1）停止间转法是停止间变换方向的方法，分为向右（左）转，半面向右（左）转、向后转。

● 口令：向右（左）——转、半面向右（左）转、向后——转。

● 动作要领：向右（左）转，以右（左）脚跟为轴，右（左）脚跟和左（右）脚掌前部同时用力，使身体协调一致向右（左）转90°，体重落在右（左）脚，左（右）脚取捷径迅速靠拢右（左）脚，成立正姿势。转动和靠脚时，两腿挺直，上体保持立正姿势。

半面向右（左）转，按向右（左）转要领转45°。向后转，按照向右转的要领向后转180°。

（2）训练步骤与方法：

● 分解练习，口令：分解动作，向右（左、后）——转。

● 动作要领：听到"向右（左、后）——转"的口令，按向右（左、后）转的要领转向新的方向，不靠脚，听到"2"的口令，左（右）脚靠拢右（左）脚，成立正姿势。

连贯练习，按向右（左、后）转的要领，转到新的方向立即靠脚。

4. 第四个科目：蹲下、起立

（1）蹲下、起立：

● 口令：蹲下。

● 动作要领：右脚后退半步，前脚掌着地，臀部坐在右脚跟上（膝盖不着地），两腿分开约60°，手指自然并拢放在两膝上，上体保持正直。蹲下过久，可以自行换脚。

● 口令：起立。

● 当听到起立的口令后，全身协力迅速起立，左脚取捷径靠拢右脚，成立正姿势。

（2）训练步骤与方法：

● 分解练习，口令：分解练习，蹲下。

● 动作要领：听到"蹲下"的口令后，右脚后退半步，前脚掌着地，两腿挺直，体重落于左脚掌；听到"2"的口令后，身体重心后移的同时下蹲身体，体重落在右脚，臀部坐在右脚跟上（膝盖不着地），两腿分开约60°，手指自然并拢放在两膝上，上体保持正直。

连贯练习，按照蹲下、起立的动作要领反复练习，注意体会下蹲时身体重心的移动变化，并注意强调动作的节奏。

5. 第五个科目：敬礼、礼毕

敬礼分为举手礼、注目礼和举枪礼。

（1）敬礼。

● 口令：敬礼。

● 举手礼动作要领：上体正直，右手取捷径迅速抬起，五指并拢自然伸直，中指微接帽檐右角前约 2 cm 处（戴卷檐帽、无檐帽或者不戴军帽时微接太阳穴，约与眉同高），手心向下，微向外张（约 20°），手腕不得弯曲，右大臂略平，与两肩略成一线，同时注视受礼者。

● 注目礼动作要领：面向受礼者成立正姿势，同时注视受礼者，并目迎目送，右、左转头角度不超过 45°。

（2）礼毕：

● 口令：礼毕。

● 动作要领：行举手礼者，将手放下；行注目礼者，将头转正，成立正姿势。

图 2-4　敬礼

6. 第六个科目：行进、停止

横队和并列纵队行进以右翼为基准，纵队行进以左翼为基准（一路纵队行进以先头为基准）。

（1）行进，指挥员应当下达"×步——走"的口令。听到口令，基准兵向正前方前进，其他士兵向基准翼标齐，保持规定的间隔、距离行进。纵队行进时，排、连通常成三路纵队，也可以成一、二路纵队。行进中，需要时，用"一二一"（调整步伐的口令）、"一二三四"（呼号）或者唱队列歌曲，以保持步伐的整齐和振奋士气。

（2）停止指挥员应当下达"立——定"的口令。听到口令，按照立定的要领实施，分队的动作要整齐一致；停止后，听到"稍息"的口令，先自行对正、看齐，再稍息。

（3）齐步：

齐步是军人行进的常用步法。

● 口令：齐步——走。

● 动作要领：左脚向正前方迈出约75 cm，按照先脚跟后脚掌的顺序着地，同时身体重心前移，右脚照此法动作；上体正直，微向前倾；手指轻轻握拢，拇指贴于食指第二节；两臂前后自然摆动，向前摆臂时，肘部弯曲，小臂自然向里合，手心向内稍向下，拇指根部对正衣扣线，并高于常服最下方衣扣约5 cm（着作训服时，与外腰带扣中央同高），离身体约30 cm；向后摆臂时，手臂自然伸直，手腕前侧距裤缝线约30 cm。行进速度每分钟116~122步。

（4）训练步骤与方法：

摆臂练习：

● 口令：摆臂练习，1，2。

● 动作要领：听到口令，按齐步行进中摆臂的要领进行。需要停止练习时，下达"停"的口令；听到口令，两手放回原处，成立正姿势。

（5）立定练习：

● 口令：三步一靠，齐步——走，2。

● 动作要领：听到"三步一靠，齐步——走"的口令，按齐步行进的要领，向前迈出三步，不靠脚；听到"2"的口令，靠脚同时将手放下。

（6）连贯练习：

按齐步、立定的要领反复练习。

跑步主要用于快速行进。

● 口令：跑步——走。

● 动作要领：听到预令，两手迅速握拳（四指蜷握，拇指贴于食指第一关节和中指第二节），提到腰际，约与腰带同高，拳心向内，肘部稍向里合。听到动令，上体微向前倾，两腿微弯，同时左脚利用右脚掌的蹬力跃出约85 cm，前脚掌先着地，身体重心前移，右脚照此法动作；两臂前后自然摆动，向前摆臂时，大臂略垂直，肘部贴于腰际，小臂略平，稍向里合，两拳内侧各距衣扣线约5 cm；向后摆臂时，拳贴于腰际。行进速度每分钟170~180步。

（7）训练步骤与方法：

原地摆臂练习：

● 口令：跑步原地摆臂练习，跑步，1，2，停。

● 动作要领：听到"跑步"的口令，双手迅速握拳并提于腰际；听到"1"的口令，右臂迅速向前摆出并定位，左臂不动；听到"2"的口令，两臂前推后拉，自然换摆；听到"停"的口令，左臂由前收回腰际，右臂不动，然后双手迅速放下，成立正姿势。

（8）立定分解练习：

● 口令：跑步立定分解练习，跑步，1，2，3，4。

● 动作要领：听到"跑步"的口令，两手迅速握拳提于腰际，听到"1"的口令，左脚按齐步动作要领迈出，右臂按跑步动作要领摆出；听到"2"的口令，右脚向前迈出，两臂换摆；听到"3"的口令，左脚向前大半步，脚尖向外分开约30°着地，同时左拳由前收回，与右臂停于腰际，两腿停止，身体重心移于左脚；听到"4"的口令，右脚迅速取捷径靠拢左脚，同时将手放下，成立正姿势。

（9）踏步：

踏步用于调整步伐和整齐。

● 停止间口令：踏步——走。

● 行进间口令：踏步。

● 动作要领：两脚在原地上下起落（抬起时，脚尖自然下垂，离地面约15 cm；落下时，前脚掌先着地），上体保持正直，两臂按照齐步或者跑步摆臂的要领摆动。

（10）立定：

● 口令：立——定。

● 动作要领：齐步、正步和礼步时，听到口令，左脚再向前大半步着地，脚尖向外约30°，两腿挺直，右脚取捷径迅速靠拢左脚，成立正姿势。跑步时，听到口令，继续跑2步，然后左脚向前大半步（两拳收于腰际，停止摆动）着地，右脚取捷径靠拢左脚，同时将手放下，成立正姿势。踏步时，听到口令，左脚踏1步，右脚靠拢左脚，原地成立正姿势；跑步的踏步，听到口令，继续踏2步，再按照上述要领进行。

7. 第七个科目：集合、离散

（1）集合：

集合，是使单个军人、分队、部队按照规范队形聚集起来的一种队列动作。

集合时，指挥员应当先发出预告或者信号，如"全连注意"或者"×排注意"，然后，站在预定队形的中央前，面向预定队形成立正姿势，下达"成××队——集合"的口令。所属人员听到预告或者信号，原地面向指挥员成立正姿势；听到口令，跑步到指定位置面向指挥员集合（在指挥员后侧的人员，应当从指挥员右侧绕过），自行对正、看齐，成立正姿势。

（2）离散：

离散，是使列队的单个军人、分队、部队各自离开原队列位置的一种队列动作。

● 口令：各营（连、排、班）带开（带回）。

● 动作要领：队列中的各营（连、排、班）指挥员带领本队迅速离开原列队位置。

● 口令：解散。

● 动作要领：队列人员迅速离开原列队位置。

四、生态环境领域

（一）生态环境领域的定义

生态环境领域通过专题讲座、展馆参观、征文比赛、手工制作、知识竞猜、环保体验、游戏互动等形式多样的活动，培养学生的生态理念、科学素养，以科普日和科技周为契机开展"低碳生活""垃圾分类""变废为宝""湿地保护""绿色家园""保护熊猫宝宝"等主题系列生态文明养成教育活动，引导青少年从小养成爱护地球家园、建设绿色家乡的良好生态文明习惯，树立"青山绿水就是金山银山"的生态意识。

（二）生态环境领域课程设计案例

制作家庭有机堆肥

一、主题说明

堆肥是一门既传统又现代的学科，堆肥的目的就是通过一系列科学的工艺步骤，把各种各样的有机废弃物分解转化成为一种稳定的、无害化的适合于土壤培肥的有机肥产品。

随着时代的进步，环保已经成为我们生活的一部分，据2020年全国第二次污染源普查公报的结果显示，在2017年农业源水污染物排放量中，化学需

氧量为 1067.13 万吨，氨氮为 21.62 万吨，总氮为 141.49 万吨，总磷为 21.20 万吨。科学利用这些有机固体废弃物，既可防止其污染环境，同时又可以加快资源的循环利用，减少资源的浪费。

二、课程目标

● 劳动观念：通过制作家庭有机堆肥，感受劳动的快乐，体会劳动创造的快乐美好生活，树立正确的劳动观念，同时感受生命科学的奥秘与魅力。

● 劳动技能：通过活动与实践，掌握制作家庭堆肥的方法和技巧。

● 劳动品质：在学习制作家庭堆肥的过程中，养成吃苦耐劳、团结合作的品质，养成劳动的习惯。

● 劳动精神：亲身经历制作家庭堆肥的过程，培养学生热爱劳动和劳动人民的情感；抵制好逸恶劳、贪图享受、不劳而获、奢侈浪费等恶习的影响。

三、适用学段

小学高段。

四、实施条件

教具清单：厨余（菜根、菜叶、果皮、果渣、蛋壳）、枯枝落叶、堆肥容器（可以自制）、剪刀、塑胶手套、肥土菌。

五、安全措施

在制作堆肥过程中不打闹，合理使用工具。

六、教学设计

（一）教学重点

学会家庭堆肥的制作方法。

（二）建议课时

2 课时。

（三）教学过程

1. 导入

教师引导学生学习制作家庭有机堆肥的理由和好处以及堆肥原理。

家庭日常产生的厨余垃圾和其他垃圾一起混合拿去焚烧的话，除了产生普通的温室气体以外，也会降低燃烧效率，产生二噁英——这是一种对人体危害非常大的有毒气体。除了产生有毒气体，垃圾的收集、运输、中转、处理也会消耗大量的能源。

改良土壤，培肥地力
有机肥料中的主要物质是有机质，有机质可以改善土壤物理、化学和生物特性，熟化土壤，培肥地力

增加产量，提高品质
氨基酸等物质，除氮、磷、钾等养分外，还含有多种糖类，不仅可为作物提供营养，而且可以促进土壤微生物的活动

提高肥料的利用率
两者合理配合施用，相互补充，有机质分解产生的有机酸还能促进土壤和化肥中矿质养分的溶解。有机肥与化肥相互促进，有利于作物吸收，提高肥料的利用率

益生菌种促进农作物生长
本堆肥菌本身就是优质的植物促生菌类的微生物，在发酵过程中进行大量繁殖并产生多种特效代谢产物，从而刺激作物生长发育，提高作物抗病、抗旱、抗寒能力

图 2-5　堆肥的作用

　　堆肥，简单来说就是一个循环的过程。在堆肥的过程中，我们借助土壤中一些微生物和生物（如蚯蚓）更快地分解，使其经过加速降解变成了一个肥沃健康的有机质。

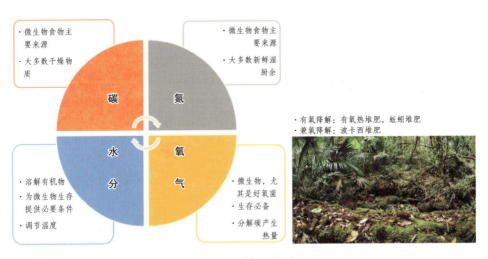

·有机降解：有氧热堆肥，蚯蚓堆肥
·兼氧降解：波卡西堆肥

图 2-6　堆肥原理

2. 教师引导学生思考制作堆肥的材料

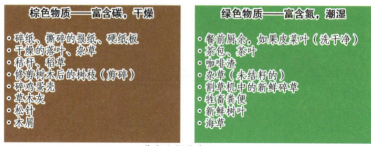

棕色物质——富含碳，干燥

• 碎纸、撕碎的报纸、硬纸板
• 干燥的落叶、杂草
• 秸秆、稻草
• 修剪树木后的树枝（剪碎）
• 碎鸡蛋壳
• 草木灰
• 松针
• 木屑

绿色物质——富含氮，潮湿

• 餐前厨余，如果皮菜叶（洗干净）
• 茶包、茶叶
• 咖啡渣
• 杂草（未结籽的）
• 割草机中的新鲜碎草
• 牲畜粪便
• 新鲜树叶
• 海草

体积比例约为 1 : 1
最佳碳氮比为 25 : 1

图 2-7　常见家庭堆肥材料

3. 教师讲解常用家庭堆肥方式

（1）有氧热堆肥：

一般来说该方法的使用场景是家里面的院子。如果在院子里种一些植物，就可能会产生大量的园艺垃圾。因为有氧热堆肥的体量相对来说是比较大的，至少要有 1 m³ 左右的堆体才能产生足够的热量供微生物工作。它是以空气中普遍存在的微生物为主力军的一个有氧降解的过程，它的产出主要是固体有机肥，当所有东西都降解变成像土一样的东西，就可以直接在花园里使用了。通常来说，大概每 3~6 个月的时间可以收获一次这种以有氧热堆肥的方法堆出来的肥。

表 2-4　有氧热堆肥的优缺点

图 2-8　有氧热堆肥

优点	缺点
• 可以一次性处理大量有机垃圾； • 丰俭由人； • 高温可以确保杀死杂草和病菌； • 有机垃圾基本不需要预处理 • 成本低	• 需要定期翻肥，是体力活； • 占用空间大，需要室外空间； • 时间久，需要 3~6 个月； • 可能有生熟混合的情况； • 可能有少量异味； • 容易吸引老鼠、苍蝇等小动物； • 有"休眠期"，最好 2~3 个桶替换

（2）波卡西堆肥法：

波卡西堆肥法比较适合家里没有太多空间，但非常想让厨余垃圾减量的家庭。它主要通过 EM 菌，即我们所说的一种碱性厌氧的菌群来帮助降解食物，EM 菌能相对来说帮助食物降解得更快一些。这种菌在自然界中是不存在的，是人工制成的，可以靠购买获得。它能降解普通的植物性的餐厨垃圾，肉类、骨头也都能降解（前提是要剁碎）。它的产出有两种：一种是液体肥。其液体浓度很高，一定要稀释至少 100 倍以后才可以直接使用，而且不能储存，一般随产随用。另一种是固体肥。需要将其埋在土里，大概每 3 个月可以收集一次。

适合场景：

家里没有太多地方，但是仍然想减少厨余垃圾或者有其他需求的朋友。

原理：

EM 菌。

产出：

① 液体肥（1∶100 稀释后可直接使用）。

② 固体肥（需埋在土里或好氧堆肥系统里继续降解）。

收肥时间：

① 固体肥：大约每 3 个月。

② 液体肥：系统稳定后每天。

图 2-9　波卡西堆肥

（3）蚯蚓堆肥：

蚯蚓堆肥能降低制造厨余垃圾的速度。蚯蚓堆肥主要是靠蚯蚓吃掉厨余垃圾，它的速度会比单独依靠微生物降解要快得多。但蚯蚓堆肥法也需要依靠微生物，是蚯蚓和微生物起合力作用的方法。同时，它是一种有氧降解，也是需要氧气的。蚯蚓堆肥的产出主要有两种，一种是固体肥（蚯蚓粪），一种是液体肥。固体肥是可以直接使用的，蚯蚓粪从蚯蚓体内排出，非常疏松，营养丰富。液体肥是系统里面多余的水分，可多可少，一般流到最下面的承接盘里面。固体肥大概每 3 个月收 1 次，液体肥大概每周都可以收一些，需要 1∶10 稀释来使用。

表2-5　蚯蚓堆肥的优缺点

图2-10　蚯蚓堆肥

优点	缺点
·清洁无异味； ·操作方便； ·2种产物:固体和液体肥料； ·系统稳定后可以随时取液体肥； 蚯蚓粪结构更加细致松软； ·蚯蚓自行繁殖不需添加	·容器越小，处理量越小； ·需要荫蔽； ·蚯蚓有些小挑食，避免喂肉蛋奶、洋葱、柑橘类食物

4. 教师引导学生学习制作波卡西堆肥

（1）制作堆肥容器：

将废旧的大塑料桶、铁桶、木箱改造成堆肥桶，并在底部和四周打洞透气。

注意：①上方宜有盖子，或用防水布遮挡雨水。

②盖子开启尺度应便于材料投放，并方便翻搅。宜在侧下方设置取肥口。

（2）收集厨余：

把水果皮、菜叶菜根、茶叶、蛋壳、药渣、剩饭、面包等切小、剪碎。

注意：①厨余尽可能切小剪碎，厨余越小，越容易分解。

②厨余倒入堆肥桶，撒入 EM 菌糠，每放 5～8 cm 厨余撒一层 EM 菌（约 20 g），让 EM 菌糠均匀覆盖厨余。

③保持密闭，通常在 1～2 周内，厨余表面会长出白色菌丝。

④收集液肥，堆肥 3～7 天将有液肥产生，应每 1～2 天打开龙头收集，液肥稀释 50～100 倍后可作根肥或叶面肥。

⑤收集有机肥，厨余桶堆满厨余后 2～3 周，菌丝褪去，已无液肥排出，厨余发酵分解成有机肥，可以将腐熟的有机肥埋到植物底下的泥土中。

七、总结评价

（一）学生总结

通过本堂课的学习，同学们都有哪些收获呢？和大家分享你的收获。

（二）教师总结

如果能把厨余垃圾做成堆肥，再把其他瓶瓶罐罐、废纸、金属、旧衣都作为资源回收，你将发现家中的垃圾只剩下原来的十分之一，一星期只需倒一次垃圾，也不怕它发臭产生异味。

八、拓展延伸

回家后尝试用其他堆肥法自己做一个堆肥桶。

五、研学实践领域

（一）研学实践领域的定义

按照教育部等 11 部门《关于推进中小学生研学旅行的意见》精神，我们充分用区域资源，组织开展丰富的研学实践教育活动，着力在坚定理想信念、厚植爱国情怀、加强品德修养、增长知识见识、培养奋斗精神、增强综合素质上下功夫，努力提高中小学生的社会责任感、创新精神和实践能力，促进学生德智体美劳全面发展。一是建立以营地为枢纽，基地为站点的研学实践教育网络，遴选命名首批市级研学实践教育基地 31 家，研发研学实践活动课程 100 余门。二是推出"探寻五迹"研学实践主题活动，探寻红军长征足迹，赓续红色基因；探寻三国蜀道古迹，感知历史文脉；探寻自然奇迹，体悟美好河山；探寻科技发展，激发建设热情；探寻川北文化，汲取人文魅力。三是打造一批研学实践活动特色线路，深入挖掘广元蜀道文化、三国文化、女皇文化、红色文化等，依托国家级自然保护区、全域旅游示范区、天府旅游名县、全国新科技及传统文化旅游品牌地资源，打造"蜀道行"（市内）、"天府行"（省内）、"华夏行"（国内）三大板块 40 余条研学路线。

（二）研学实践活动方案

例1：

广元市 2023 年中小学研学实践教育活动方案

为贯彻党的二十大精神，全面落实立德树人根本任务，践行"五育并举"育人目标，根据教育部等 11 部门《关于推进中小学生研学旅行的意见》（教基一〔2016〕8 号）和教育部关于《中小学综合实践活动课程指导纲要》（教材〔2017〕4 号）、《大中小学劳动教育指导纲要（试行）》（教材〔2020〕4 号）、《义务教育课程方案和课程标准（2022 年版）》（教材〔2022〕2 号）等文件精神，现就组织实施好中小学生研学实践教育活动明确任务分工，夯实管理责任，提升活动质量，确保师生安全。现结合实际，制定方案如下：

一、活动主题

探寻古蜀道，感知历史文脉

二、活动目的

（1）充分发挥营地独特而丰富的综合实践课程及周边自然和文化遗产、红色教育、各类研学实践基地等地域资源优势，开展形式多样的中小学生综合实践教育活动，努力培养学生认识、分析和解决问题的能力，切实提升学生综合素质；

（2）通过系列劳动实践教育活动，让学生动手实践、出力流汗，接受锻炼、磨炼意志，进一步培养学生的劳动精神面貌、劳动价值取向和劳动技能水平，着力发展劳动核心素养；

（3）让学生走进现实的社会场所实践体验，帮助学生开阔眼界、增长知识、厚植爱国情怀，引导学生在成长中不断认识自我、认识社会、认识世界，形成正确的世界观、人生观和价值观。

三、培训对象

剑阁香江实验学校四年级学生共计233名。学校管理人员及带队教师6名。

四、活动时间

2023年3月11日—2023年3月13日。

五、活动方式

（1）集中安排以年级为组，以班级为队，分组开展劳动与实践教育活动。

（2）学习内容以营地实践课程为主，以市级中小学劳动和研学实践教育基地课程为辅，实施项目式课程教学。

（3）活动方式以操作体验、小组合作、任务驱动、多元评价、成果分享、专题讨论、创意物化为主。

六、活动内容

（一）营地内综合实践活动安排

表2-6　营地内综合实践活动课程表

总教官：张　勇

学校名称				
连　队	一　连	二　连	三　连	四　连
班　级	4.1	4.2	4.3	4.4
教　官	张　勇	胡文雄	崔正勇	高　鹏
连队人数	59	59	57	58

续表

	09:00—12:00	学生报到、安排住宿、开营仪式（设备：张勇）			
星期六		学术报告厅			
	12:00—12:40	午　餐			
	12:40—14:30	午　休			
	14:30—15:50	风扇搭建	茶艺礼仪	手绘脸谱	室内射击
		韩凤华	胡剑虹	郭艺丹	崔正勇
	15:50—16:10	大课间（各连教官）			
	16:10—17:30	风扇搭建	室内射击	手绘脸谱	茶艺礼仪
		韩凤华	崔正勇	郭艺丹	胡剑虹
	17:30—18:00	晚　餐			
	18:00—20:30	传染病知识讲解（李　苑）、安全教育、内务整理（张　勇）			
	20:30—21:00	夜　宵			
	21:00—21:30	洗　漱			
	21:30—07:00	就　寝			
星期日	07:00—7:20	起　床			
	07:20—07:50	晨　训			
	07:50—08:30	早　餐			
	08:30—9:50	劳动与实践活动（雪溪洞）（时间以研学方案为主）			
	9:50—10:20				
	10:20—11:40				
	11:40—12:10	午　餐			
	12:10—14:30	午　休			
	14:30—15:50	劳动与实践活动（明月峡）（时间以研学方案为主）			
	15:50—16:10				
	16:10—17:30				
	17:30—18:00	晚　餐			
	18:00—20:30	观看爱国主义教育电影（设备：张　勇）			
	20:30—21:00	夜　宵			
	21:00—21:30	洗　漱			
	21:30—07:00	就　寝			

续表

	07:00—7:20	起 床			
星期一	07:20—07:50	晨 训			
	07:50—08:30	早 餐			
	08:30—09:50	创意搭建	食品制作	活字印刷术	挂 画
		冯潇文	李 琴	刘绍琼	苟倩玲、杨露兰（3D打印室）
	09:50—12:00				
	10:20—11:40	创意搭建	食品制作	7D影院/地震科普	挂 画
		冯潇文	李 琴	李晓兰/苏小雨	苟倩玲、杨露兰（3D打印室）
	12:00—12:30	午 餐			
	12:30	登车返程			

宣传报道：王茗

（二）劳动与实践教育活动安排

表2-7 劳动与实践教育活动安排总表

日 期	时 间	事 项	活动地	住宿地	组织领导
3.11	上 午	报到+开营仪式	广元营地	广元营地	总领队：杨广超 组 长：陈业昊 袁小明 副组长：李 苑 教 师：陈 慧 王 茗 苟倩玲
	12:00—14:30	午 餐	广元营地		
	下 午	专题教育+综合实践活动课程	广元营地		
	17:30—18:30	晚餐	广元营地		
3.12	07:00—08:00	早操+早餐	广元营地		教官：张 勇 胡文雄 崔正勇 高 鹏
	08:00登车出发 上午：研学实践活动	研学雪溪洞	朝天区		
	12:00—13:00	午 餐	朝天大酒店		
	13:00登车出发 下午：研学实践活动	研学明月峡	朝天区		
	17:30—18:30	晚餐	广元营地		

日 期	时 间	事 项	活动地	住宿地	组织领导
3.13	07:00—08:00	早操+早餐	广元营地		
	上 午	综合实践活动课程	广元营地		
	12:00—13:00	午 餐			
	13:30	离 校			

七、组织领导

领导小组：

组　长：郭永昌

副组长：徐显平　杨广超　孙　亮

组　员：杨国成　付丽霞　陈业昊　贾　琳　王　菲

　　　　王　欢　陈青秀　李　苑

职　责：统筹本单位组织的劳动与实践教育活动课程，制定活动课程方案，对接并指导学校做好活动准备与实施，负责活动过程中的安全、食宿、车辆运输等保障，管理营地和学校带队教师工作，组织带队教师培训，做好参训学校活动考评及学生评价工作，对市级劳动教育基地、研学实践教育基地的活动实施进行评价考核。

下设 3 个工作小组：

1. 教学活动组

徐显平：负责本次劳动与实践教育活动课程的全面管理。

杨国成：负责本次劳动与实践教育活动各项工作的统筹协调与组织管理，做好营地内外活动及课程实施的管理及教学人员安排，对营地内外课程实施及活动情况进行检查和考核，负责市级劳动与研学教育基地的对接联络和监督考核等工作。

韩凤华：负责实践教育活动方案制定、教官安排及考评、教学常规管理、参训学校对接会记录、课堂及学生评价表格印制发放、开闭营仪式场务服务与相关资料的准备等工作。

杨露兰：负责连队编排、课表制定及调课、教职工工作量统计、开闭营仪式场务服务与相关资料的准备等工作。

须茜茜：负责学员结业证印制，优秀学员、优秀连队、优秀教师名单的收集与证书印制，开闭营主持及相关资料的准备，参训学校文艺晚会节目的

收集与审核，晚会活动方案的制定、组织与实施，研学横幅及标语准备及各项资料的收集整理并归档。

张　勇、任　俊：负责学术报告厅活动期间音响设备调试。

吴　迪：负责教官管理，协助总教官评选优秀连队、模范连队，活动开展期间教官到岗到位及训练情况检查，协助实践活动部开展相关工作。

总教官：负责本次活动教官管理，学生安全纪律管理，及时发现并协调处理活动期间相关问题，优秀连队、模范连队评选等工作。

2. 安保后勤组

孙　亮：负责本次劳动与实践教育活动安保后勤各项工作的安排与管理，做好学生活动期间的食宿、交通、保险、应急救援、思政教育、物资保障及安全管理等工作。

陈业昊：负责活动过程中设施设备运行、活动期间物资采购、耗材供给等工作。

李　苑：负责师生餐饮、住宿安排、运输车辆、师生保险、安全应急预案、突发事件处理等各项安全保障工作的具体安排与管理。

贾　琳：负责活动期间校园安保等各项管理工作。

3. 综合协调及宣传组

杨广超：负责学校带队教师的接待咨询、活动费用的收缴与支付、活动宣传报道、活动期间值班值守管理等工作。

付丽霞：统筹各部门工作，营造良好活动氛围，及时宣传报道活动情况，协助解决部门运转中的困难及问题。

王　欢、赵　敏：负责活动费用按规收支等工作。

八、活动管理

本次设一个活动小组开展活动，管理人员分工及职责要求如下：

总负责人：杨广超　实践基地副主任

组　长：陈业昊　实践基地后勤保障部部长

　　　　袁小明　剑阁香江实验学校带队领导

职　责：全面负责学生营地内外活动期间的吃住行学各项组织管理与综合协调工作，是学生安全管理第一责任人。

副组长：李　苑　实践基地德育安全部部长

职　责：协助组长做好学生活动的组织管理与协调安排，是营地内外活动协调的具体联络人。

总教官：张　勇

职　责：负责做好学生的安全纪律管理和教官管理，协助组长、副组长做好工作协调，做好学生饮用水、标语、口罩、衣服等物资保障。

组　员：陈　慧　王　茗　苟倩玲　任小凤　苏全勇

职　责：负责连队学生在餐饮、住宿、交通、学习活动期间的日常行为培养及安全管理工作，做好家校协调，及时为学生和家长解决当前困难和问题，做好身心异常学生的日常监测和帮助，指导学生参加各类实践活动课程，帮助解决学生遇到的疑难问题和生活问题，是连队学生安全管理直接责任人。

其他工作人员：

（1）活动影像资料搜集员：王　茗（电话：180×××××××）。

职　责：图文宣传、影像资料采集、新闻报道等工作。

（2）医疗卫生保健员：王浩锦（电话：158×××××××）。

职　责：负责师生的卫生保健工作。

（3）活动安全管理员：李　苑（电话：181×××××××）。

职　责：全面协调各部门及组的安全工作，做好安全巡查检查，及时发现安全问题、发布安全提醒信息，第一时间排除安全隐患，确保活动安全。

九、安全保障

（1）制定安全应急预案，行前与学校、教师签订安全责任书，与学生签订安全承诺书；

（2）各组设组长、副组长岗位，分别由营地和学校带队干部兼任；学生日常管理设总教官1人，每连队（班）配置教官或研学指导教师1人、学校带队教师1人，具体负责学生日常管理工作；

（3）行前对研学路线及地点进行安全隐患排查；

（4）开展行前带队老师和相关服务团队人员培训；

（5）开展研学行前学生安全培训。在行前培训中，由专业的教师向学生讲解研学活动注意事项，包括饮食安全、住宿安全、交通安全、研学点安全的各项安全事项，以确保学生研学安全，培养学生自我负责、对同伴负责的态度，保证研学活动的安全有效进行；

（6）为师生购买活动相关意外保险、组织者责任险；

（7）明确安全管理责任人，加强研学活动过程管理。

附件：1. 营地带队领导、教师、教官管理表；

2. 学校带队教师管理工作分工；

3. 带队干部管理职责；

4. 带班教职工管理职责；

5. 活动安全应急预案；

6. 活动须知。

例2：

安全应急预案

为强化师生安全意识，促进学生研学实践教育活动各项工作顺利开展，本着"安全第一，预防为主"的原则，为了在突发安全事件时，能够统一指挥，切实有效地降低和控制事故危害，特制定本预案。

一、组织领导和职责分工

为健全学生研学实践教育活动安全管理体系，明确职责分工，现成立广元市示范性综合实践基地管理中心学生研学实践教育活动安全工作领导小组，具体成员如下。

领导小组：

组　长：孙　亮　袁剑鸣

副组长：陈业昊

成　员：李　苑　张　勇　各连队教官、指导教师、学校带队教师

职　责：组长负责本期学生劳动与实践活动安全管理全面工作，是安全管理和应急处置工作小组总负责人；副组长是现场应急处置的第一指挥，负责事故第一现场抢险救援及伤员救护工作；成员服从组长和副组长的安排调度，协助抓好各项救援救助工作和应急处置工作，按安全事件应急处置规定和工作流程上报情况。

下设应急处置工作组：

1. 现场救援组

组　长：陈业昊　袁剑鸣

副组长：李　苑　张　勇　张光军　彭　婷

组　员：陈　慧　王　茗　苟倩玲　王晓平　杨文淳　母　琳

工作职责：本着减轻伤亡、保护学生、迅速平息、控制事态的原则，负责突发安全事故抢险救援工作的具体实施，负责人员的分派调度，科学组织，

合理安排，分工合作，及时疏散转移师生，联系医院救护伤员，将事故损失降到最低。

2. 后勤保障组

组　　长：陈业昊

组　　员：张艳萍　李　琴

工作职责：负责抢险救援各类经费物资的筹备工作，各种事故抢险救护器材的准备和发放，保障抢险救援的一切物资设备供给。

3. 信息联络组

组　　长：陈业昊

组　　员：向志朝

工作职责：及时掌握事故发展情况，与公安、交通、食药、卫生、疾控等部门保持密切联系，负责统计事故损失，并及时将事态发展情况报告管理中心领导，由综合协调部统一对外发布事件消息。

4. 善后工作组

组　　长：袁小明

组　　员：张光军　王晓平　彭　婷　杨文淳　母　琳

工作职责：尽快消除事故影响，妥善安置、慰问受害人员和受影响师生，恢复正常教学活动秩序。

二、事故应急处理

（一）处理程序

（1）及时报告：如遇突发事件，根据事件的大小和影响程度，第一时间报告领导小组组长或者成员。

（2）救援第一：所发生的事件在自己能够处理范围之内的，各应急工作小组组长要及时联系教官、带队老师，组织班级同学做好各种应急工作，采取应急措施，妥善处理；如果不能处理，需要相关部门处理的，要首先抢救伤员，减少损失，同时保护好现场，报经领导小组后拨打110、120报警电话，向有关部门求救。

（3）调查取证：积极协助公安机关做好调查和取证工作。及时搜集现场证据材料，以备调查使用。

（4）善后处理：尽快消除事故影响，妥善安置、慰问受害人和受影响师生，恢复正常的研学活动秩序，保持社会稳定。

（5）汇报处理情况：突发事件处理完成后，要及时向劳动与研学安全工

作领导小组汇报处理情况，由综合协调部统一对外发布事件消息。

（二）具体处理方法

（1）学生受到意外伤害本着救援第一的原则，由各班教官和带队老师负责维持现场的秩序，首先组织救人和疏散学生到安全的地方，避免学生受伤和造成更大的损失，并及时向管理中心安全工作领导小组报告，由抢险救援小组做好抢险救援工作，视情况严重情况向有关部门求助，如打110、120等。

（2）教官和带队老师要保证所有学生在研学活动过程中不脱离队伍，始终维持可互相看见的原则。要提前告知学生，如若迷路要先镇定精神，然后找电话拨打带队老师电话，告知情况，然后停留在原地，不要乱走；或者提前记住活动安排的集合地点、食宿地点，拨打110报警电话求助。

（3）针对摔伤、扭伤或其他受伤等问题，要为各班提前准备防止跌打、创伤、蚊虫叮咬等常用药品。在学生受伤不太严重的情况下，及时妥善处理并随时观察受伤学生情况。发生急性扭伤时，切忌局部按摩或回旅馆后热敷，最好停止活动，回去后冷敷20至30分钟，便能达到消肿和止痛的作用。当抽筋时，拉引患处肌肉，并轻轻按摩；补充水分及盐分，休息直到患处感觉舒适为止。

如果学生受伤严重，要立即向安全工作领导小组报告，并及时送医院救治，妥善解决。

（4）饮食安全问题。要求学生不得随意购买路边小吃等食品、饮料；提前联系学生集中用餐的地点，安排专人负责检查其食品安全卫生情况，并于学生用餐前30分钟进行试吃，确保安全之后学生方可开始就餐。发现食品安全问题，现场第一发现人要及时报告、及时科学处置。

（5）晕车。在外出研学乘车、船时，因晕车、晕船引起眩晕、呕吐等不适，可服用晕车药，而对于服用晕车药无效或有特殊反应的人来说，以下几种方法可供选用：随身携带新鲜橘子，吃完后将橘皮内折对准鼻孔用力挤压，使雾状汁液射入鼻腔，旅途中反复多次，对防治晕车、晕船效果甚佳；将清凉油或风油精适量涂于前额及鼻唇沟旁；在上车、上船前15分钟将伤湿止痛膏贴于肚脐眼上，轻轻按摩片刻，使之贴紧；鲜生姜若干片置于小瓶内，随时嗅闻；乘车、乘船前喝一杯加醋的温开水；上车前将一小撮茶叶含在口中。

（6）晕厥。发现突然晕倒的学生切不可胡乱搬动，应就地取平卧位，头偏向一侧，这样利于呕吐物吐出，防止窒息；放松裤腰带和领扣，观察其脉搏和呼吸变化。如呼吸、脉搏正常，可用大拇指刺激人中穴使其苏醒；如出现呼吸停止或者心脏骤停，应立即采取口对口人工呼吸和胸外心脏按压的方法急救。

（7）火灾。在研学活动中遇到火灾，千万不要搭乘电梯或随意跳楼；若身上着火可就地打滚或者用厚重衣物压灭火苗；必须穿过浓烟时，用浸湿的衣物披裹身体捂着口鼻贴近地面顺墙爬行；当大火封门无法逃出时，可用浸湿的衣服、被褥堵塞门缝或泼水降温，等待救援，可摇动色彩鲜艳的衣物呼唤救援人员。

（8）食物中毒。如果出现食物中毒症状，首先应立即停止食用可疑食物，同时，立即报告安全工作领导小组，并拨打急救中心电话 120 呼救。在急救车来到之前，可以采取以下自救措施：① 催吐。对中毒不久而无明显呕吐感者，可先用手指、筷子等刺激其舌根部的方法催吐，或让中毒者大量饮用温开水并反复自行催吐以减少毒素的吸收。如在呕吐物中发现血性液体，则提示可能出现了消化道或咽部出血，应暂时停止催吐。② 导泻，如果学生吃下去的中毒食物时间较长（如超过两小时），而且精神较好，可采用服用泻药的方式，促使有毒食物排出体外。

（9）毒蛇咬伤。学生途中万一被毒蛇咬伤，切忌惊慌失措或奔跑，以免因血液循环加快而加速毒素吸收。正确的方法是立即用绳子或裤带扎紧伤口靠近心脏的一侧；每隔 3 分钟松一下绑，时间在 1～2 分钟，以防肢体坏死，然后尽快送医院处理，并同时报告安全工作领导小组。

三、紧急情况联系电话

火警：119　　匪警：110　　交警：122　　急救：120

校内报警电话：0839-6068002

市教育局电话：0839-3263630

六、专题教育领域

（一）专题教育领域的定义

专题教育领域分为专题教育和艺术美育课程，包括爱国教育、传统文化教育、法治教育、红色文化教育、环保教育、国情省情市情教育、心理健康教育、人民防空防护演练、追踪时事、国防教育专题讲座、家乡美模拟导游、军事天地、感恩教育、国防知识竞赛、毒品预防教育、廉洁奉公教育、禁毒法规与案例剖析、预防艾滋病教育、心理健康教育、青春期心理教育、礼仪

教育、禁毒教育、反邪教教育、诚信教育、职业拓展培训、传统书画、唤马剪纸、白花石刻、麻柳刺绣、插花技艺、植物拓染、布艺、奥尔夫音乐、电烙画、茶艺、陶艺、书法比赛、绘画比赛、十字绣体验、中国结编织等课程，有效提升学生对传统优秀文化的认知能力，推动民族文化的发展和民间技艺的传承。

（二）专题教育领域课程设计案例

模拟庭审教学设计

一、主题说明

法治是人类文明的重要标志，开展法治教育是落实党中央的重要任务，也是事关国家与个人命运的重大决策。少年强则国强，国家非常重视对青少年的法治教育和法律保护。教育部颁布的《未成年人学校保护规定》也从 2021 年 9 月 1 日起实施。

目前青少年犯罪现象呈现出低龄化和犯罪手段成人化的倾向，必须引起社会的关注。目前，我国制定了《中华人民共和国教育法》《中华人民共和国义务教育法》两部教育法律；国务院制定了 5 项教育行政法规；国家为加强保护和预防青少年犯罪也有《中华人民共和国未成年人保护法》《中华人民共和国预防未成年人犯罪法》两部姊妹法可依。

而模拟庭审课程正是以培育学生的法治信仰和法治思维为教学目的，在学校或其他场合设置模拟法庭现场，让学生扮演法庭审案角色并走进案例完成模拟庭审基本流程的一种普法宣传行为。模拟法庭课程选取了青少年群体中易发的故意伤害他人、校园欺凌等典型案例，让同学们通过法庭调查、法庭辩论等环节，将这些违法案例的犯罪构成、案发特点、社会危害性等通过实践活动展示出来，继而获得入情入境的角色体验并在潜移默化中增强法治意识，更有利于预防青少年犯罪，传递法治正能量。

二、课程目标

● 价值体认：通过开展模拟庭审活动，在情景中发展兴趣专长，养成法治思维，形成尊法、守法、用法、护法的意识，并形成积极的劳动观念和态度，培养职业生涯初步规划意识和能力。

● 责任担当：了解法治中国、法治红线、法庭布置、庭审角色、庭审流程等相关知识，激发参与劳动体验的热情，形成社会公德意识，初步具备法治观念。

●问题解决：通过模拟庭审角色体验，感受法庭的庄严、庭审语言的严谨和庭审角色的神圣，关注社会、生活中存在的法治现象，在体验中学会思考，发现身边的法治问题，再结合所学知识解决问题。

●创意物化：在模拟庭审体验中，体会职业劳动的艰辛，通过实践活动激发创新精神，并通过对法治知识的学习，了解"法"的严谨，感受从业者坚守执着、精益求精的职业精神。

三、适用学段

初中、高中。

四、实施条件

教具清单：法治故事、法治案例、法治PPT图片、庭审视频、法庭桌椅、角色桌牌、服装道具、案件脚本、活动教案。

五、安全措施

●讲安全：防受伤，防火，防电；

●讲秩序：有序活动，不脱离团队；言行文明，按要求参加活动；

●讲卫生：爱护设施设备，不乱涂乱画，不乱扔垃圾。

六、教学设计

（一）教学重点

引领学生参与"模拟庭审"活动，培育其法治思维；鼓励学生参与"以案说法"活动，提升其法治信仰。

（二）建议课时

3～4课时。

（三）教学过程

1. 分组约规，安全为大

（1）分组立规——有规成圆，秩序不乱。

先通过游戏活动将学生分成小组，再约定活动规矩，组织学生有序活动。

（2）文明约定——安全大于天，防患于未然。

●讲安全：正确使用手铐、法槌等道具，不挪动攀爬设施设备和门窗护栏，避免受伤；不带易燃物品进场馆，防火灾；不触摸电源插座，防触电。

●讲秩序：有序活动，不脱离团队；言行文明，按要求参加活动。

●讲卫生：爱护设施设备，不乱涂乱画，不乱扔垃圾。

2. 热身运动——亲近法治

（1）读读领导的法治寄语，体悟家国温暖。

（2）想想关爱、保护未成年人的相关法律法规。

（3）说说你遭遇侵害时维权的正确方法。

（4）摸摸古今中外法治文明跳动的脉搏。

（5）听听"法治小黑屋"里的故事。

（6）玩玩游戏，快乐学法，提升规则意识。

（7）踩踩"法"字，留下永久足迹。

（8）点开"心壤"，播种"法治信仰"，少年强则国强！

3."模拟庭审"——培育观念

（1）办案流程：

办案流程三步走：

● 第一步，公安机关侦查立案——侦查、侦查、侦查！

● 第二步，检察院审查起诉——起诉、起诉、起诉！

● 第三步，人民法院开庭审判——审判、审判、审判！

● 公安机关、检察院、人民法院，侦查、起诉、审判！

（2）庭审培训：

● 我国的审判机关：

最高人民法院、地方各级人民法院、专门人民法院关系：最高人民法院设于首都北京。它是国家的最高审判机关，依法行使国家最高审判权，对全国人民代表大会和它的常务委员会负责，同时监督地方各级人民法院和人民法院的工作。

● 我国的审判制度：

公开审判的案件的特点与要求：在开庭 3 日以前先期公布案由、被告人姓名、开庭时间和地点；允许公民到法庭旁听；允许新闻记者采访和报道；定期公开宣判的应当先期公告。

不公开审理的案件的特点与要求：涉及国家机密的案件；涉及个人隐私的案件；未成年人犯罪的案件；离婚当事人和涉及商业秘密案件的当事人申请不公开审理的，可以不公开审理。

● 我国的审判组织形式：

独任庭，是由审判员一人审判简易案件的组织形式。依照法律规定，独任庭审判的案件有第一审的刑事自诉案件和其他轻微的刑事案件；基层人民法院和它派出的人民法庭审判简单的民事案件和经济纠纷案件；适用特别程序审理的案件，除选民资格案件或其他重大疑难案件由审判员组成合议庭审判外，其他案件由审判员一人独任审判。

合议庭，是由三名（必须是单数）以上审判员或者审判员和人民陪审员集体审判案件的组织形式。合议庭是人民法院审判案件的基本审判组织，其成员不是固定不变的，而是临时组成的，由院长或者庭长指定一名审判员担任审判长。院长或庭长参加审判案件的时候则自己担任审判长。合议庭评议案件时，如果意见产生分歧，应当少数服从多数，但是少数人的意见应当记入评议笔录，由合议庭的组成人员签名。

● 审判委员会：

依照人民法院组织法的规定，各级人民法院设立审判委员会。审判委员会委员由法院院长提请同级人民代表大会常务委员会任免。审判委员会由院长主持，其任务主要有三项：讨论重大的或者疑难的案件；总结审判经验；讨论其他有关审判工作的问题。

● 开庭前要做好的工作：

在法定期限内，分别向当事人送达受理案件通知书、应诉通知书和起诉状、答辩状副本；通知必须共同进行诉讼的当事人参加诉讼；告知当事人有关的诉讼权利和义务以及合议庭的组成人员；审查有关的诉讼材料，了解双方当事人争议的焦点和应当适用的有关法律以及有关专业知识；调查收集应当由人民法院调查收集的证据。

● 庭审程序：

法庭审判，一般情况下都要经历庭审准备、宣布开庭、法庭调查、法庭辩论、被告人最后陈述、休庭、合议庭评议、宣判、签字、闭庭等程序，对涉及未成年人的案例，有的还要在宣判这个环节前面加上法庭教育这个环节。

（3）审前准备：

介绍模拟法庭的区域划分，认识、分享庭审角色的职责和义务：

● 观看模拟庭审短视频，熟悉庭审程序。

● 各组按照下发案例脚本简单介绍剧情，组长根据案例剧本之需负责庭审角色分工，未直接参与模拟审判活动的同学作为旁听人员参加庭审。

● 角色分工介绍：

法官：在不同法系的国家中法官的角色不尽相同，但都是刚正无私地根据法律判案的人员。（提示：一个法院的构成主体是法官。在个案审理中，由

法官与陪审员组成合议庭，由法官担任审判长。一个法官在个案中可能是审判长，也可能是审判员。）

审判长：是法院合议庭审理案件时，负责组织审判活动的审判人员。我国人民法院组织法规定，合议庭由一名法官担任审判长。院长或者庭长参加审案时，则担任审判长。审判长不是固定的，而是在审理案件时临时指定或担任的。

审判员：指在人民法院审判案件所组成的合议庭中，负责组织审判活动的审判人员。

人民陪审员：指由法定程序产生，依法参加人民法院审判活动，并与法官享有同等权利，代表人民群众在人民法院参加合议庭审判活动的在编工作人员。人民陪审员一般是不和法院签合同的，而且自行提交申请，并由法院遴选。这是一个政府行为。人民陪审员一般没有工资，但会根据误工时间给予一定的补偿。具体标准各地没有统一规定。

书记员：书记员是负责协助完成审判和执行工作的辅助人员，开庭前要宣读法庭纪律，请出到庭人员，庭审过程中要做记录。

公诉人：公诉人是指不用当事人来直接提起诉讼，而是由国家司法机关提起诉讼，在中国主要由人民检察院的司法人员来担任，也就是说，在人民检察院担任诉讼的人。

辩护人：是指接受被追诉一方委托或者受人民法院指定，帮助犯罪嫌疑人、被告人行使辩护权以维护其合法权益的人。

原告：告状的人。

被告：被告到法院的（未成年）人。

代理人：以被代理人的名义进行诉讼活动的人。诉讼代理的目的在于维护被代理人的合法权益，因此只能以被代理人的名义进行诉讼，而不能以自己的名义进行诉讼。

法警：也叫司法警察，简称法警。包括两类：检察院法警、法院法警。

证人：是指了解案件事实并受人民法院传唤到庭作证的人。

旁听区：亲戚、朋友以及媒体人员。

提示：角色位置因法庭大小和形状而不固定。

●脚本一（故意伤害他人案例）：需 11 名庭审角色，小组成员自主自愿确定参演角色，组长负责纪律管理和角色活动记录。

角色：审判长1人、陪审员1人、人民陪审员1人、书记员1人、原告1人、被告1人、公诉人1人、辩护人1人、代理人1人、法警2名、其他参与人（证人、媒体人员等3～20人）。

●脚本二（故意伤害他人导致防卫过当案例）：需13名庭审角色，学生自主自愿确定参演角色，组长负责纪律管理和角色活动记录。

角色：审判长1人、陪审员1人、人民陪审员1人、书记员1人、原告1人、被告1人、公诉人1人、辩护人1人、代理人1人、法警2名、证人2名、其他参与人等（3～20人）。

（4）各小组展开庭审排练，熟悉剧情。

提示：各组案例不同，所需角色人数略有不同，排练场地不同。

（5）庭审过程（重点）：

小组成员按照法庭审案的角色服装要求统一着装，依照庭审程序，快速转换角色，走进案例脚本开始入情入境地进行模拟庭审角色体验。

●庭审准备：

书记员宣读法庭纪律和旁听规则；

先请公诉人、原告、辩护人、代理人等入庭；

再请审判长、审判员、人民陪审员等入庭；

最后报告审判长：一切准备就绪，可以开庭。

●宣布开庭：

审判长宣布开庭；

审判长检查当事人基本情况；

审判长宣告合议庭组成情况；

审判长告知当事人的权利与义务。

●法庭调查：

审判长组织法庭调查：

公诉人宣读起诉书；

公诉人对被告人询问；

被告人如实回答公诉人的提问；

被告辩护人向被告人提问；

公诉人举证，证人到庭作证；

公诉人向证人发问；

公诉人宣读鉴定书继续举证，调查结束。

提示：法庭调查是法庭审判的核心阶段。在这一阶段，合议庭要在公诉人、当事人、辩护人、代理人等的参加下，通过提出证据和对证据进行质证，当庭调查证据，全面查明案件事实，为法庭作出正确的裁判提供事实根据。

● 法庭辩论：

审判长组织法庭辩论：

公诉人发表公诉词；

被告人为自己辩护；

被告辩护人为被告辩护。

● 被告人最后陈述：

审判长在宣布辩论终结后，被告人有最后陈述的权利；作为法庭审理过程的一个有机组成部分，被告人的最后陈述有助于法官发现案件真实；最后陈述程序可以突显对被告人人格尊严的尊重；被告人的最后陈述还具有一定的教育功能，即以个案的形式向旁听民众宣示法律以及劝诫民众切勿违法犯罪。

● 休庭，合议庭合议；

● 继续开庭，法庭教育；

● 审判长宣读法庭判决，当事人在庭审笔录及判决笔录上签字；

● 闭庭。

劳动教育

广元市教育局结合实际，在全市评选了 28 个大中小学示范性劳动教育基地。我们充分利用本区域的劳动教育基地，积极开发劳动教育课程，扎实有效地开展好劳动教育活动，旨在开展促进学生形成劳动价值观和养成劳动素养的教育活动，培育学生认识劳动、尊重劳动，帮助学生形成正确的劳动观点、积极的劳动态度以及热爱劳动和劳动人民的情感，激发他们对于劳动的内在热情。

主要课程体系包括生活劳动课程、家政技能课程、生产劳动课程、工业劳动实践课程、服务性劳动课程、乡村振兴课程。

一、生活劳动课程

（一）生活劳动课程体系

生活劳动课程包括食品烘焙、豆浆磨制、水饺包捏、凉面切条、肉包制作、女皇凉面、幸家咖啡、泡菜制作、广元豆腐等，学生通过直接参与生活相关的食品制作，学会不同食物制作方法和技艺，培养良好的劳动观念和劳动习惯。

（二）生活劳动课程案例

石　磨

一、课程说明

石磨是一种把米、麦、豆等粮食加工成粉、浆的机械，通常由两个圆石做成，水平叠放为两层，两层磨面接合处有纹理，粮食从上方的孔进入两层中间，沿着纹理向外运动，在滚动过两层面时被磨碎，形成粉末。本课程设计在于让学生认识传统豆类、玉米加工工具——大石磨，体验豆类、玉米的加工过程，了解传统加工工具的特点，学会石磨的操作方法，同时感受加工工具的时代变迁。

二、课程目标

● 劳动观念：通过体验石磨加工豆类、玉米的过程，感受到旺苍北部山区玉米作为老百姓主食的家庭加工方式。

● 劳动能力：学习在破碎加工中如何省力、如何实现破碎加工粮食的分类，会使用石磨进行简单的加工。

●劳动习惯和品质：认识到石磨加工的劳累、繁琐，了解石磨加工在人力、畜力方面的安全操作规范。

●劳动精神：体验石磨加工的艰辛，学习粮食粉碎加工工具由石磨到粉碎机，再到破壁机的时代演变。

三、适合学段

小学5～6年级。

四、课前准备

（一）知识准备

学生查阅资料，认识石磨的起源、构造、演变、功能，初步认识农业农具与生产生活的关系，重点是认识石磨这种粉碎类加工工具。

（二）工具准备

石磨、磨杆、绳子、玉米10 kg、水。

（三）安全事项

做好劳动安全教育，要规范操作，防止劳动中的意外伤害事故。

五、教学过程

（一）聚焦

谈话：川北明珠旺苍积淀了古老的农业文明，农具已经成了一种记忆的符号和信息。让我们走进学校川北农具展览体验馆，去了解那一段文明的记忆。

图 2-11　石磨磨面粉

播放学校农具馆短视频，初步感知这些农具对农业生产生活的影响，交流自己了解的有关农具的知识。

（二）探索

●观察大石磨的结构，材料。推测其制造过程与成本，填写学习单。

●认识大磨的结构：磨杆、石磨上片、石磨下片、磨眼、磨箐子、蒙眼壳儿、绳子等。推测磨的重量（500 kg 左右）、材质（坚硬、耐磨的石头）。

● 体验用大磨加工。学生小组合作，完成一次加工体验。

● 猜想旧时人们怎么利用大石磨加工粉碎粮食（以玉米为例）。了解构造与功能，认识石磨在当时所起的作用、石磨运转需要的动力（畜力、人力）。本次体验用人力来进行实验。（玉米 10 kg）

● 在优化后的方案下体验石磨加工玉米的过程并做好记录。探究磨面纹理状况与玉米破碎后颗粒大小的关系。思考如何推磨更省力？

（三）拓展

1. 自主认识手磨加工

（1）手磨的制作原理是什么？

（2）手磨怎样操作最省力？

（3）完成一次手磨加工操作。

（4）做一次手磨操作与大石磨加工的对比分析。

2. 认识大磨这种粉碎工具的演变（大磨——粉碎机——破壁机）

（1）播放视频，感受工具的变迁，认识劳动的创新创造。

（2）比较石磨、粉碎机、破壁机的构造特点、功能、用途。

（3）进一步查阅资料，了解粉碎工具的改变与人们生活水平发生的时代变化，明白工具的不断发展，让生活幸福指数提升。

六、总结评价

（一）学生总结评价

学生总结自己在活动过程中的表现和对石磨加工技术和破碎技术演变的认识，并对自己完成的作品进行点评。

（二）教师总结评价

在教学中启示我们要增加学生的感性体验，让学生在参与中增强对石磨的认识，初步知晓传统石磨诞生的必然性。且人们对工具使用便利性的追求不断推进人们在劳动中不断改进劳动工具，进而创新了新的加工工具——粉碎机，以及粉碎机的微小版——破壁机。让学生走进家庭生活的时代演变，感受劳动工具在不断地向前发展，不断地提升我们的生活幸福指数。

（三）成果展示交流

录制一段传统石磨加工豆类、玉米的视频，比一比谁的动作最规范、粉碎后的粮食最精细。

二、家政技能课程

（一）家政技能课程体系

家政技能课程包括衣物洗涤、缝纫、自行车修理、模拟驾驶等。

（二）家政技能课程案例

缝沙包

一、课程说明

沙包是中国大陆地区中小学体育课上用以练习投掷的一种器材，一般在用厚布织成的小袋中填入干黄沙即可，体积稍大于棒球。沙包游戏，不仅是一项体育游戏，而且可以通过说、唱、画、捏、数等认知活动来进行各种领域的教育活动，既丰富了学生的活动内容，又可培养学生热爱民间艺术活动的情感。本节课通过"缝沙包"活动，让学生掌握穿针引线和缝补的基本技能，进一步提高学生对待生活的浓郁兴趣，明白生活处处有学问，养成勤于动手动脑、积极劳动的好习惯。

二、课程目标

● 劳动观念：掌握生活劳动技能，动手动脑、积极劳动，体会劳动创造的美好生活，树立正确的劳动观念。

● 劳动技能：学习手工针缝的平针、回针和斜针三种针法，并能利用提供的材料设计制作简单的沙包，提高动手能力。

● 劳动品质：培养学生对制作和设计手工制品的兴趣，增强创新意识和动手能力，培养认真、细心的习惯。

● 劳动精神：学习缝纫技巧，抵制好逸恶劳、奢侈浪费的不良生活习惯。

三、适用学段

小学学段。

四、教学准备

教具清单：课件、一把剪刀、布块、针线、少许大米等。

五、教学过程

（一）谈话引入

师：（看玩沙包的视频）同学们，你们想拥有一个属于自己的沙包吗？想要自己动手制作一个沙包吗？今天老师就来教大家制作小沙包。（板书课题）

那么，缝沙包需要什么材料呢？（出示材料包）

（二）学一学

1. 学习裁剪布块

步骤和要领：

（1）把布平铺于桌面；

（2）在布的左下方画一个边长为 6 cm 的正方形，然后沿着线剪下来；

（3）把剩下的布对折再对折，然后把剪好的布铺在对折的布上，剪成大小一样的布块。

图 2-12　裁剪布料

2. 学习穿针和打结

步骤和要领：

（1）把线剪一段下来，不宜太长，30 cm 左右即可；

（2）左手拿针，右手拿线，自己尝试把线穿入针眼，让先穿好的学生分享技巧；

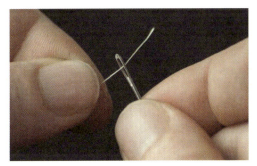

图 2-13　穿针引线

（3）跟着老师的讲解学习打结。

3. 学习缝沙包

步骤和要领：

（1）取两块布，重叠在一起，然后把它们的一条边缝在一起；

（2）把4块布依次缝在一起，使它们成为一个正方体；

（3）将剩下的两块布缝在刚刚缝的正方体的底端和顶端，留一条边不缝；

（4）从留着的边缝处把沙包皮翻面，然后往里面装入大米，再把最后一条边缝合。

（三）练一练

按照示范顺序练习缝沙包。

注意事项：

（1）不能把剪刀对着同学挥舞，也不能把针尖对着同学；

（2）缝沙包时每一针距离不能太远；

（3）大米不要装得太多。

（四）比一比

小组赛——班级赛。

（五）收获与总结

师：今天大家都学会了缝沙包，今后还要学会自己的事情自己做，在家里主动帮助爸爸妈妈做力所能及的家务活，锻炼和提高自己的生活能力。让我们从身边的小事做起，养成良好的生活习惯吧！

（六）布置作业

师：其实沙包不仅仅是方形的，大家开动脑筋，发挥想象，设计自己喜欢的形状，做一个创意沙包。明天我们展示评比。

六、总结评价

（一）学生总结评价

对本活动过程和成果进行自我评价和互相评价。

（二）教师总结评价

教师总结本堂课学生完成任务的情况，从沙包缝制这个活动引申出"热爱劳动"这个主题，对劳动的意义进行阐释和总结。

（三）成果展示交流

点评学生作品，对优秀作品进行评比奖励，并组织学生用自己缝制的沙包进行一场"丢沙包"比赛。

三、生产劳动课程

（一）生产劳动课程体系

生产劳动课程包括古代生产劳动课程和现代生产劳动课程两类。古代生产劳动课程包括古法造纸、传统农耕、草鞋编织等，现代生产劳动课程包括瓜果采摘、花卉果蔬种植、果林除草水稻收割、油菜搬运、都江堰马扎制作、无花果加工等。

（二）生产劳动课程案例

例1：

竹编花篮

一、课程说明

本课程教学结合学生学习心理，采用多种形式的教学方法，通过多样化的教学方式帮助学生进行学习，促使学生更加注重劳动学习本身，并且能够使学生在编花篮这一劳动学习中获得更多的知识，帮助学生全面提升劳动能力以及劳动的核心素养。

二、课程目标

● 劳动观念：通过编制竹编花篮，体会手工劳动的成就感，树立正确的劳动观念，感受手工劳动的魅力。

● 劳动技能：了解竹编工艺，学习手编花篮的劳动技能。

● 劳动品质：在学习编制竹编花篮的过程中，体会手工编制的乐趣，在实践过程中培养学生的团队协作能力，养成热爱劳动、崇尚劳动的品质。

● 劳动精神：亲身体验竹编花篮的编制过程，正确认识劳动的意义，培养学生热爱劳动、尊重劳动人民的情感，抵制好逸恶劳、贪图享受、不劳而获、奢侈浪费等恶习的影响。

三、适用学段

小学5~6年级。

四、课前准备

（一）知识准备

了解竹编花篮的种类、方法和技巧。

（二）工具准备

不同种类、不同颜色的线、塑料条、细竹条、人工花。

（三）安全事项

合理使用剪刀。

五、教学过程

（一）导入

● （播放《编花篮》）师提问：从这首歌里你能听出些什么？

● 展示一只精心制作的花篮。

● （多媒体展示各种精美的小花篮）师提问：你对那些漂亮的花篮有何感想？想不想自己编个篮子？

● 师：本课我们将制作自己的花篮，体验劳动的快乐。

（二）观察、探讨、发现新知识

● 将事先制作好的花篮摆放出来，要求学生先观察外形，再动手拆分花篮各部件。请同学们仔细观察：

花篮是由哪些部件构成的？

如何完成每一部件？（鼓励同学们仔细观察，并大胆地尝试）

● 小组成员就花篮的组成及制作方式进行探讨。

● 对讨论的结果进行汇报。

● 在汇报的基础上总结，利用课件分解制作花篮的整个过程：花篮是由提手、篮沿、篮身组成的；有篮底、装饰物等多个部件；还需要量、剪、粘、编、卷、贴的制作工艺。

（三）小组合作实践（播放轻音乐）

1. 教师强调制作时的要点

● 把学生分为五个小组。

● 制作时比较各小组分工合作的进度。

● 做完后比较谁的作品最漂亮，最有创意。（教师应着重于协作和创新性引导）

● 注意工具使用安全和场地清洁卫生。

2. 学生实践操作

● 小组学生分工，把每个花篮都做好。

● 在各个部件制作完毕后，团队成员将其组装起来，组成一个小型的花篮。

● 教师督导、协助操作困难学生，随时引导学生的活动，对学生的作业表现进行评估；鼓励学生养成良好的劳动习惯，为学生准备一些装饰品，使花篮更加完善。

3．课后作业，巩固课堂所学知识

● 自己画一个心目中的"花篮"。

● 根据家中现有的材料，简单编一个花篮，可以构思丰富色彩。

● 手工叠一朵小花或者家里有花也可以，插入花篮打卡拍照。

六、总结评价

（一）学生总结评价

每组派出一名代表，将本小组最漂亮的作品展示给大家，并向大家介绍花篮的制作过程。学生评价，讲一讲你最喜欢的一件作品。

（二）教师总结评

● 对最好的作品进行评价。

● 表扬其他作品的长处。（每个花篮都有自己的亮点，要善于发现和表扬）

● 评选出优秀的作品，并给予相应的奖励。

（三）成果展示交流

评出学生优秀的作品，展示出来让全班同学一起欣赏，并邀请优秀的"编织者"讲述自己的竹编经历和遇见的困难，以及克服困难的方法。

例2：

甘蓝种植

一、课程说明

甘蓝是十字花科草本植物，是我们常吃的一种蔬菜，在东北地区被称为"大头菜"。甘蓝的品种很多，有些是作为蔬菜食用的，有些则是观赏植物。本课程通过学习甘蓝的种植方法，在实践体验中让学生了解农业种植技术常识，学会农业劳动基本技能，更能让学生在实践体验中激发劳动热情，培养学生的科学劳动素养，提升学生综合素质。

二、课程目标

● 劳动观念：通过种植甘蓝，树立正确的劳动观念，感受劳动带来的成就感。

● 劳动技能：了解甘蓝种植常识，能规范地使用常用劳动工具，了解甘蓝的价值与特征。

● 劳动品质：懂得在劳动中遵规守约，学会与他人合作。培养学生有始有终、专心致志的劳动习惯和品质。

● 劳动精神：亲身体验甘蓝的种植过程，培养学生热爱劳动的精神，抵制好逸恶劳、贪图享受、不劳而获、奢侈浪费等恶习的影响。

三、适用学段

小学中高段。

四、课前准备

（一）知识准备

观察甘蓝种植的方法，了解它们对生长环境、土质等方面的要求。

（二）工具准备

大锄头、小锄头、两齿耙头（松土）、甘蓝菜苗、旋耕机、肥料。

（三）安全事项

● 加强学生课前安全教育，增强自我保护意识，针对活动内容，拟定安全注意事项，在活动前告知，做到安全组织与自我保护切实结合，以免意外事故发生。

● 了解学生的身体状况，对不宜参加劳动和活动的学生给予相应的照顾和安排。

● 开展活动时，要精细组织、有序安排，按预定方案进行，要求学生做到不拥挤、不乱跑、不相互嬉闹，杜绝放羊式活动安排方法。

● 引导教育学生正确使用劳动工具，按照正确方式开展活动，以免给自己或者他人造成伤害。

● 备好常用药，如酒精、胶布、药棉、藿香正气水等。

五、教学过程

（一）导入新课

1. 课前谈话

师：俗话说，萝卜白菜各有所爱，同学们，你们爱吃包包菜吗？喜欢的理由是什么？

（预设：吃起来味道鲜美，可以做出多种样式的菜，可以做糖醋莲白等。）

师：看来同学们对包包菜都有一定的了解，它在我们的餐桌上随处可见，你们知道它在植物界的学名吗？（预设：甘蓝。）

师：甘蓝种植起来非常简单，你们想吃上一盘自己亲手种的甘蓝吗？今天就和老师一起来学习一下甘蓝的种植方法吧！

2. 认识甘蓝

（1）介绍甘蓝：

（观看甘蓝科普视频）

甘蓝是十字花科的草本植物，又名卷心菜、包菜，属于耐寒性蔬菜，在平均温度为 7~25℃ 的环境中能正常生长结球，温度为 15~20℃ 时利于种子萌发。在适宜温度下通常 2~3 天就可发芽，如果温度为-3℃，则需要 15 天才能发芽。

（2）吃甘蓝的好处：

● 含有丰富的膳食纤维、矿物质和维生素等。

● 可以补充各种营养，强身健体。

（二）学习种植

师：同学们搜集的资料可真全面啊！既然吃甘蓝有这么多好处，那我们一定要多吃甘蓝。

种植甘蓝需要的条件：

● 适宜的温度。

● 充足的水分和光照。

● 要有合适的耕地。

师：通过观看刚才的视频，我们一起来总结种植甘蓝的基本步骤。

图 2-14　甘蓝种植基本步骤

（三）室内课堂小结

师：看来同学们已经掌握了种植甘蓝的要领，接下来我们就一起去种植甘蓝吧！一会儿到劳动基地的时候，老师先做示范，大家边观察边学习。请同学们认识一下我们今天要用到的工具——锄头、耙等，在此我先强调一下注意事项。

● 在用锄头挖土时，不要碰到其他同学的头和脚。

● 在放苗时尽量深浅适中。

● 劳动过程中注意合作完成。

（四）室外现场实践

学生以比赛的形式进行分组种植。（学生播种期间教师给予相应的指导，规范动作。）

师：今天，我们的土地已经提前喷灌了，所以就不需要再浇水了。接下来老师先示范动作，大家边观察边学习。（教师边示范边讲解，在示范之前提问种植步骤。）

1. 表面撒肥

在表面撒上一些草木灰或足量的农家肥然后进行深翻，撒肥料的目的是在翻地时，使肥料都混合在土壤里，这样养分不易流失，可为甘蓝以后的生长提供充足的肥料。

2. 翻地平整

我们先要用锨等工具把土地翻垦一次，将较紧实的土层变为疏松细碎的耕层，从而增加土壤孔隙度，接纳和贮存水分，促进土壤养分转化和作物根系的伸展。翻垦之后要把大块儿泥土捣碎，因为有结块的土壤不利于植物生长。种植土质要比较细，同时要起好沟且不能有积水，这样方便后期灌溉和排水。

3. 平整菜畦

用小锄头在平整后的土地上挖窝，要求深浅适中，能够被土覆盖，30～40 cm 即可。

4. 边放菜苗边盖土

把菜苗均匀地放入刨好的窝里，不要太密，间距适中即可。然后把菜苗用土盖实（用锄头轻轻刨一些土把菜苗的根部压实）。

5. 浇灌菜苗

最后一步，给菜苗浇灌适量的水，为后面的生长提供养分。

六、总结评价

（一）学生总结评价

播种完甘蓝之后，小组之间进行互评，学习其他组的优点，改进本组的缺点。学生相互分享种植甘蓝的感受（种植甘蓝很有趣也很容易，回家自己去开垦一块儿土地，自己种植甘蓝吧！）

（二）教师总结评价

师：这节课我们学会了甘蓝的种植方法，想想以后能吃到自己亲手种植的甘蓝，这是多么幸福的一件事啊！所以我们要用心呵护自己亲手种的菜苗。同时，同学们在此次劳动中还学会了相互合作，感受到了人与自然的紧密联系。

四、工业劳动实践课程

（一）工业劳动课程体系

工业劳动实践课程包括金工、木工、电子电工、电镀工艺。让学生了解工业生产的过程，培养学生动手能力和创新精神。

（二）工业劳动课程案例

制作小音箱

一、课程说明

随着电器的出现，音响也应运而生。人们在生产生活中离不开一些生活小家电，而音响在学习和工作中都是我们必不可少的家电之一。此次课程将给学生讲解小音响的制作过程，使学生明白小音响的运行原理。同时让学生自己动手制作简单的小音响，在劳动实践的过程中锻炼学生的动手能力，让学生体会到劳动带来的趣味以及成就感。

二、课程目标

● 劳动观念：通过音响制作培养学生对科技的热爱，锻炼学生的动手能力。

● 劳动技能：了解基础音响知识，掌握音响运作原理，认识制作音响的材料，学会正确制作音响。

● 劳动品质：了解基础的科学常识，养成劳动中的探究精神。

● 劳动精神：通过音响制作，了解科学常识，培养对科技的热爱。

三、适用学段

初中学段。

四、课前准备

（一）材料准备

多媒体、喇叭、音频头等。

（二）分组分工

每组3人，并对3人分别编号，分工。1号为组长，负责本组纪律、安全、卫生；2号为材料准备负责人，负责材料的摆放；3号为发言人，负责做活动

记录和总结发言。各小组学生在组内可自由选择适合自己的角色，进行身份确认，对号入座。

五、教学过程

将音频头的胶套取下，把长杜邦线没有插头的一端穿过胶套，并将导线分别连接在音频头末端的长接触点和短接触点上。

为了避免音频头内导线短路，可用透明胶带将接线部分粘贴起来；然后把导线装进胶套内，并拧紧固定。

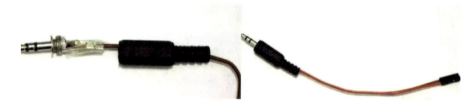

图 2-15　粘接导线接头

将组装好的音频线有插头的一端从纸筒底部穿入；接着把电池盒上的两根导线从纸筒底部穿入，并从纸筒口处拉出。

把短杜邦线分别连接在电池盒的两根导线上，并用透明胶粘贴接线处。

图 2-16　安装喇叭罩

将喇叭放在喇叭外罩内，并把喇叭外罩上对应的两个插片弯曲卡在喇叭上防止掉落。

将电池盒上的正极插头插在功放板上标有 5v 的针脚处，负极插头插在标有 GND 的针脚处（注：正负极不能接反）；音频头上的插头分别插在标有 IN 和 AGND 的针脚处；喇叭上的插头分别插在标有+SP-的针脚处。

图 2-17　连接电路

把连接好的线路放进纸筒内，并将音频头和电池盒上的导线从纸筒底部慢慢拉出，拉动的过程中要防止脱线。

图 2-18　导线连接

把喇叭外罩上剩余的两个插片插在纸筒边沿位置，并压紧固定在纸筒口处；然后把贴纸贴在纸筒外面，自制音箱就制作完成了。

图 2-19　完成安装

六、总结评价

各小组代表就音响分类、制作流程和方法以及使用是否正常等问题进行反思总结，进行自我评价和同学互评。

表 2-8　小组学习评价表

	音响分类	运作正常	制作流程	综合等级
1				
2				
3				
4				
5				
6				
7				
8				
9				
10				
评价等级				

说明：A+为优秀，A 为良好，B 为合格，C 为不合格。

五、服务性劳动课程

（一）服务性劳动课程体系

服务性劳动课程包括守护红星公园、义工劳动、志愿者服务、社区服务、关爱孤寡老人、保护湿地等。

（二）服务性劳动课程案例

关爱老人

一、课程说明

"老吾老以及人之老"，尊老、敬老、爱老是中华民族的优秀传统美德，更是新时代构建和谐社会的要求，也是每一位公民义不容辞的责任。在本次劳动课程中，我们将开展社会公益活动，用实际行动关爱老人，将尊老、敬老、爱老的传统美德传递下去，让老人们真正感受到家庭的关爱、社会的温暖，安享晚年，幸福生活。

二、课程目标

● 劳动观念：树立正确的价值观，尊老敬老，给老人们带去关爱和温暖。

● 劳动技能：学习了解关爱老人的合适方法。

● 劳动品质：通过参与关爱老人的社会公益活动，感受为人民服务的快乐和满足。

● 劳动精神：在参与关爱老人的公益活动中，自主自觉地参与进社会活动，培养承担社会责任的信念。

三、适用学段

初中学段。

四、课前准备

（一）工具准备

关爱品、活动宣传物。

（二）安全事项

参与劳动人数多，且被关爱对象为老年人，行动相当不便，应规划好小组人数，维持好小组秩序。

五、教学过程

（一）活动导入

● 劳动教师做自我介绍，并讲解安全注意事项。

● 确认组长、材料领取员、安全员。

● 介绍关爱老人们的意义。

（二）活动组织

● 集合、简短培训。

● 分组慰问老人。

● 文艺表演。

● 和老人们一起就餐。

● 合影留念。

（三）活动总结

对活动中学习与人相处和关心他人的表现等方面进行总结评价。

六、乡村振兴课程

（一）乡村振兴课程体系

乡村振兴课程包括农业生产、农耕体验、农产品艺术画制作、夯土建造劳动体验、粮食作物栽培等。让学生充分了解农村农业发展状况，体验日常农

事生活，培养学生热爱家乡、热爱劳动的良好品质，树立远大的人生理想和抱负。

（二）乡村振兴课程案例

油菜的一生

一、课程说明

我国油菜栽培遍及全国，分为冬油菜和春油菜两种。其种植面积占中国油料作物总面积的40%以上，产量占中国油料总产量的30%以上，居世界首位，是我国主要油料作物之一。

本课程通过观察记录油菜从播种到成熟的全过程，并让学生亲自参与劳作和观察，真正了解油菜的生长过程，培养学生的农业劳动常识和热爱劳动的意识，强化学生热爱劳动、尊重劳动人民、珍惜劳动成果的观念。

二、课程目标

●劳动观念：通过下地劳作、亲身种植，牢固树立劳动最光荣、劳动最崇高、劳动最伟大、劳动最美丽的观念。

●劳动技能：通过种植油菜、观察油菜的生长过程，了解一年四季农作物的生长变化。

●劳动品质：在种植油菜的劳动过程中，培养动手能力，养成吃苦耐劳、坚持不懈的劳动品质。

●劳动精神：培养崇尚劳动、热爱劳动、辛勤劳动、诚实劳动的劳动精神。

三、适用学段

小学、初中。

四、课前准备

（一）知识准备

发放"油菜的一生"劳动实践课程课前调查表（见附件1 表2-9），课前通过书籍或网络了解油菜的相关知识，如油菜何时播种、何时收割；一生中有几种形态；你认为什么时候的油菜是最美的；它对人类有什么样的价值；等等。

（二）工具准备

种子、锄头、镰刀、塑料篷布、连枷或棍、袋子、桶等。

（三）安全事项

● 在使用锄头时一定要小心，不要挖到自己的腿和脚。

● 在收割时，要在教师的指导下正确使用镰刀。

● 打菜籽使用连枷或棍时，学生和学生之间要保持距离，在保护个人安全的同时还要注意不要误伤他人，活动结束后归还工具。

五、教学过程

本次课程时长近 10 月，共计 15 课时。

第 1 课时：9 月中旬，学习育油菜苗。先耕地、平地、开沟起垄、施底肥、筛盖 2 cm 厚的土、浇水、选粒大饱满的种子，均匀撒种。间距 1～2 cm，撒种完盖 1 cm 厚已消毒的 1∶1 混合腐殖土和自然土，后期土壤干时浇适量的水。

第 2 课时：9 月下旬，观察发芽出苗的油菜。油菜长出了两片子叶。

第 3 课时：10 月中旬，学习栽油菜苗。油菜已长出了 2～3 片真叶，叶互生，分基生叶和茎生叶两种。基生叶不发达，匍匐生长，椭圆形，有叶柄。

第 4 课时：10 月下旬，学习栽油菜苗。当油菜苗长出 5～6 片真叶时开始移栽。油菜移栽方法：① 将土翻松、起垄，一定要起垄，不然肥水无法保存，这样对油菜的生长是有影响的；② 起油菜苗的时候周边一定要带上原来的土壤，这样能够保证油菜的成活率；③ 移栽之前不要浇水，不然土壤会很黏；④ 挖出一个小坑，把油菜苗放进去，不要埋得很深，盖住根部，周边土壤轻微按压一下就可以了；⑤ 栽上之后，在油菜苗的周围浇一些水，然后每天坚持浇水，但不要太多，防止涝死。

第 5 课时：11 月中旬，学习给油菜苗追肥。一般在距离油菜根部 5～8 cm 的地方挖窝、施肥、盖土比较合适，在追肥后一般可以适当浇水，通常能够提高肥效。注意防病除虫、除草。

第 6 课时：来年 2 月下旬，观察油菜苗生长。基生叶不发达，匍匐生长，椭圆形，长 10～20 cm，有叶柄，大头羽状分裂，顶生裂片圆形或卵形，侧生琴状裂片 5 对，密被刺毛，有蜡粉。整体生长十分旺盛，静待油菜开花。

第 7 课时：3 月上旬，油菜花开了。观察油菜花为黄色，萼片 4 个，花瓣 4 片，为典型的十字形，雄蕊 6 个，雌蕊 1 个。通常是在 3 月到 5 月之间，总状无限花序，着生于主茎或分枝顶端。

与此同时，详细介绍油菜的属性和特征，了解学生课前知识准备情况。最后为学生讲解，油菜为十字花科，芸薹属，一年生或越年生草本，直根系，茎直立，分枝较少，株高 30～90 cm。油菜的茎生叶和分枝叶无叶柄，下部茎

生叶羽状半裂，基部扩展且抱茎，两面有硬毛和缘毛；上部茎生时提琴形或披针形，基部心形，抱茎，两侧有耳垂，全缘或有枝状细齿。

第 8 课时：3 月中旬，观察油菜花陆续开放。油菜花期是营养生长和生殖生长最旺盛的时期，花谢之后长出果荚。油菜植株有六大器官，营养器官：根、茎、叶；生殖器官：花、果实、种子。

第 9 课时：3 月下旬，观察油菜花开始逐渐凋谢，结的果实越来越多。

第 10 课时：4 月上旬，观察油菜已经硕果累累。结实呈长角果条形，长 3～8 cm，宽 2～3 mm，先端有长 9～24 mm 的喙，果梗长 3～15 mm。

第 11 课时：4 月中下旬，观察油菜已经进入角果发育成熟期。从终花到角果籽粒成熟的一段时间称为角果发育成熟期，具体又可分为绿熟期、黄熟期和完熟期。

第 12 课时：5 月上旬，观察油菜已经进入绿熟期，陆续进入黄熟期和完熟期。

第 13 课时：5 月下旬，收割油菜。我们采用传统的油菜籽人工收割法，具体步骤如下：

① 割油菜的时候，身子要处于半蹲状态，左脚左手要微微向前，因为左手在前抓杆，左脚也要稍微向前，这样人是处于一个比较自然的顺势收割油菜的姿势。

② 收割油菜，镰刀刀口向内向上倾斜 45° 角，右手往上提，刀口沿 45° 刀口往油菜秆里面进入，油菜秆瞬间被割断，下桩口留下 45° 斜刀口痕迹。

③ 一般来说，根部秆留 30 cm 长就可以了，不能太长，太长油菜秆就浪费了，太短，农民在下茬种农作物的时候容易扎伤脚踝。

④ 油菜要捆起来在田边地头放着，大概要接受半个月的日晒雨淋。中途的时候要翻面晒，当两面晒得枯黄的时候就可以挑回或就地打油菜籽了。

第 14 课时：6 月上旬，打菜籽。打菜籽之前先用锄头挖运油菜根，腾出空地。

打菜籽的方法：

① 打菜籽之前要选择一段好的天气，把已经成熟的菜籽收割放在菜籽地里，这是为了晒干菜籽壳，方便拍打使菜籽掉落。所以一定不要遇到阴雨天，否则菜籽很有可能生根发芽。

② 劳动人民是充满智慧的。从前大家都是把菜籽秆一起背回家里打菜籽，现在为了轻松些，都是在地里垫上一块结实的塑料篷布，然后在地里进

行打菜籽，完工只带回菜籽，轻松多了。

③铺好之后，一把一把地把菜籽秆铺在上面，抱菜籽秆的时候一定要小心，因为太阳晒过的菜籽非常容易"爆出"，所以你一个不小心碰到，可能就会损失很多菜籽，使它们掉落在地里。

④铺好菜籽秆后，要进行最重要的一个工艺——打菜籽。打菜籽需要一个工具，即连枷或棍。用连枷或棍进行重重的拍打，晒干的菜籽噼里啪啦地爆出。打完一面菜籽，通常还要翻面对菜籽秆进行再次拍打。

⑤打完菜籽后，把空空的菜籽秆挪开，还要用"筢"把菜籽壳一层一层地"挪"开。这个是个技术活，普通人去肯定得把菜籽和壳一起捞走。

⑥然后又进行第二次"过滤"，用筛子把剩余的大一点的壳筛走，余下的就是菜籽和一些残渣。

⑦最后装袋，托运回家。接下来，这些菜籽还要经过太阳的烘烤，以及风车的过滤，最后才是比较纯的菜籽。菜籽可以拿到街上榨油，也就是集市上卖的菜籽油了。

第15课时：6月下旬，榨菜油。榨菜籽油的正确方法：淘晒、清理、破皮、加水、烧料、压榨、毛油处理。

同学们送去榨好后拿回学校食堂，供烧菜使用，这就是同学们种植的纯天然菜籽油了。

油菜的一生经历了苗期、蕾薹期、开花期、角果发育成熟期。油菜浑身是宝。油菜花具有很高的观赏价值，每年油菜花田都会吸引一批游客；它有很高的食用价值，金灿灿的油菜花能招来蜜蜂采蜜传粉，制成蜂蜜，油菜籽还能榨油；油菜籽还有药用价值，油菜籽油具有清肝利胆、凉血排毒、消炎护肤等功效。就连它榨成油剩下的残渣，也可以做成饲料和肥料，重新滋养土地和生命，这就是油菜平凡而伟大的一生。

六、总结评价

（一）学生总结评价

发放"油菜的一生"劳动实践课程总结评价表（见附件2 表2-10），让学生总结油菜的一生经历了哪些阶段，通过老师的讲解、自己的观察和亲身劳作，对油菜的一生有何评价，认为自己学到了什么，劳动的意义又是什么。

（二）成果展示交流

此课程劳动体验时间较长，学生观察发现问题和解决问题的能力得到提升，在劳作的同时，也感受到了粮食的来之不易——近一年的时间才收获了最

后的几桶油。启发学生万事万物都有自己一生的使命，学生将更加懂得珍惜当下，奋发学习，在未来的道路上不懈努力，让自己发光发热。

（三）成果展示交流

学生在一起讨论交流，分享自己的收获和感悟，进一步升华劳动教育的意义，从而举一反三，运用到学习生活中去。

七、拓展延伸

学生自己培育一种植物，观察植物的生长过程，记录从播种、施肥、除草、开花、结果、收获、食用的全过程及心得体会，更进一步感受劳动带给自己的启发。

附件 1

表 2-9 "油菜的一生" 劳动实践课程课前调查表

姓名		班级	
油菜何时播种 何时收割			
油菜的一生中 有几种形态			
你认为什么时候 的油菜是最美的			
油菜对人类有 什么价值			

附件 2

表 2-10 "油菜的一生"劳动实践课程总结评价表

姓名		班级	
油菜的一生经历了哪些阶段			
你对油菜的一生有何评价			
通过本课你学到了什么			
你认为劳动的意义是什么			

展望未来

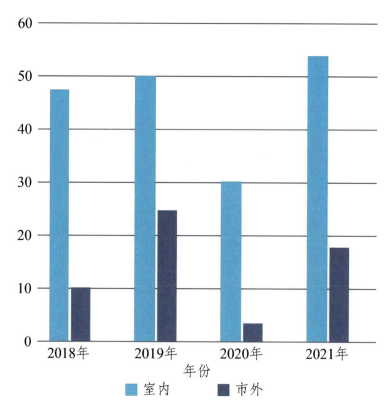

图 3-1　研学实践教育活动统计图

国防教育基地（二期规划）

项目背景：市实践基地现有校舍办学规模为 750 人，每年仅能接纳中小学生 3 万人次参加综合实践活动。"十四五"期间，规划创建全国国防教育基地，校舍须达 3000 人办学规模，并具备 400 米标准运动场及打靶场等。

工程概况：估算总投资 5.09 亿元，分两个项目实施。一是改造提升项目，规划投资 1.9 亿元，总建筑面积 2.34 万平方米。二是扩建拓展项目，规划投资 3.19 亿元，占地 5.33 万平方米（新增用地），总建筑面积 1.5 万平方米。

图 3-2　二期规划图

图 3-3　一二期总规划图

市实践基地根据课程发展需求，设计打造了多个主题教室与基地。

一、科技实验

科技馆、物联网探究室、三模一电教室、机械工程制造室、智能机器人探究室、虚拟现实探究室（VR/AR）、生物科技实验室、交通科技体验室。

二、国防教育

军事卫星教室、军事模拟体验室、军事文化创客教室、换装体验室、国防教育馆、讲武堂、兵棋推演教室。

三、中医药文化

中医药馆、中医药炮制室、针灸教室、食品安全室、中医药资源与环境保护室、百草坊、养生馆。

四、民俗百坊

艺术博物馆、印染坊、文房四宝生房、美石创作坊、竹创坊、民间手工艺术坊、花艺坊。

五、心理健康

心理健康教育体验馆、音乐放松教室、趣味心理教室、团队心理素质拓展体验、团队情绪调节体验、团队心灵探索、时间侦探局、时间管理探索室、办公室接待与个体咨询。

六、益智教育

AR益智体验馆、智力运动室、逻辑谜题室、益智玩具室、亲子桌游室、立体桌游室、情商培养室、财商培养室、沉浸式实景游戏。

七、广元文脉

豆腐坊、面点坊、烹饪坊、木偶坊、灯戏坊、皮影坊、广元民居特色展示坊&大讲堂、熊猫工坊&熊猫书房、中国女红军体验坊。

八、少年军营

长征故事林、野炊体验、求生体验、技能训练。

九、田园课堂

稻香园地、农耕体验、萌宠乐园。

十、森林学校

森林野外生存、森林探险乐园、森林匠心工坊、夜光森林。

远景目标

立足四川

建设四川劳动与
实践教育的航标

面向全国

打造全国一流的
劳动与实践教育中心

放眼世界

构建中外劳动与
实践教育交流的窗口

附　录

教育部关于印发《中小学综合实践活动课程指导纲要》的通知[①]

教材〔2017〕4 号

各省、自治区、直辖市教育厅（教委），新疆生产建设兵团教育局：

现将《中小学综合实践活动课程指导纲要》印发给你们，请认真贯彻执行。

各地要充分认识综合实践活动课程的重要意义，确保综合实践活动课程全面开设到位。要组织教师认真学习纲要，切实加强对综合实践活动课程的精心组织、整体设计和综合实施，不断提升课程实施水平。

教育部

2017 年 9 月 25 日

中小学综合实践活动课程指导纲要

为全面贯彻党的教育方针，坚持教育与生产劳动、社会实践相结合，引导学生深入理解和践行社会主义核心价值观，充分发挥中小学综合实践活动课程在立德树人中的重要作用，特制定本纲要。

一、课程性质与基本理念

（一）课程性质

综合实践活动是从学生的真实生活和发展需要出发，从生活情境中发现问题，转化为活动主题，通过探究、服务、制作、体验等方式，培养学生综合素质的跨学科实践性课程。

综合实践活动是国家义务教育和普通高中课程方案规定的必修课程，与学科课程并列设置，是基础教育课程体系的重要组成部分。该课程由地方统筹管理和指导，具体内容以学校开发为主，自小学一年级至高中三年级全面实施。

（二）基本理念

1. 课程目标以培养学生综合素质为导向

本课程强调学生综合运用各学科知识，认识、分析和解决现实问题，提升综合素质，着力发展核心素养，特别是社会责任感、创新精神和实践能力，以适应快速变化的社会生活、职业世界和个人自主发展的需要，迎接信息时代和知识社会的挑战。

[①] 教育部官网：《教育部关于印发〈中小学综合实践活动课程指导纲要〉的通知》，2017 年 9 月 27 日，http://www.moe.gov.cn/srcsite/A26/s8001/201710/t20171017_316616.html。

2. 课程开发面向学生的个体生活和社会生活

本课程面向学生完整的生活世界，引导学生从日常学习生活、社会生活或与大自然的接触中提出具有教育意义的活动主题，使学生获得关于自我、社会、自然的真实体验，建立学习与生活的有机联系。要避免仅从学科知识体系出发进行活动设计。

3. 课程实施注重学生主动实践和开放生成

本课程鼓励学生从自身成长需要出发，选择活动主题，主动参与并亲身经历实践过程，体验并践行价值信念。在实施过程中，随着活动的不断展开，在教师指导下，学生可根据实际需要，对活动的目标与内容、组织与方法、过程与步骤等做出动态调整，使活动不断深化。

4. 课程评价主张多元评价和综合考察

本课程要求突出评价对学生的发展价值，充分肯定学生活动方式和问题解决策略的多样性，鼓励学生自我评价与同伴间的合作交流和经验分享。提倡多采用质性评价方式，避免将评价简化为分数或等级。要将学生在综合实践活动中的各种表现和活动成果作为分析考察课程实施状况与学生发展状况的重要依据，对学生的活动过程和结果进行综合评价。

二、课程目标

（一）总目标

学生能从个体生活、社会生活及与大自然的接触中获得丰富的实践经验，形成并逐步提升对自然、社会和自我之内在联系的整体认识，具有价值体认、责任担当、问题解决、创意物化等方面的意识和能力。

（二）学段目标

1. 小学阶段具体目标

（1）价值体认：通过亲历、参与少先队活动、场馆活动和主题教育活动，参观爱国主义教育基地等，获得有积极意义的价值体验。理解并遵守公共空间的基本行为规范，初步形成集体思想、组织观念，培养对中国共产党的朴素感情，为自己是中国人感到自豪。

（2）责任担当：围绕日常生活开展服务活动，能处理生活中的基本事务，初步养成自理能力、自立精神、热爱生活的态度，具有积极参与学校和社区生活的意愿。

（3）问题解决：能在教师的引导下，结合学校、家庭生活中的现象，发

现并提出自己感兴趣的问题。能将问题转化为研究小课题，体验课题研究的过程与方法，提出自己的想法，形成对问题的初步解释。

（4）创意物化：通过动手操作实践，初步掌握手工设计与制作的基本技能；学会运用信息技术，设计并制作有一定创意的数字作品。运用常见、简单的信息技术解决实际问题，服务于学习和生活。

2. 初中阶段具体目标

（1）价值体认：积极参加班团队活动、场馆体验、红色之旅等，亲历社会实践，加深有积极意义的价值体验。能主动分享体验和感受，与老师、同伴交流思想认识，形成国家认同，热爱中国共产党。通过职业体验活动，发展兴趣专长，形成积极的劳动观念和态度，具有初步的生涯规划意识和能力。

（2）责任担当：观察周围的生活环境，围绕家庭、学校、社区的需要开展服务活动，增强服务意识，养成独立的生活习惯；愿意参与学校服务活动，增强服务学校的行动能力；初步形成探究社区问题的意识，愿意参与社区服务，初步形成对自我、学校、社区负责任的态度和社会公德意识，初步具备法治观念。

（3）问题解决：能关注自然、社会、生活中的现象，深入思考并提出有价值的问题，将问题转化为有价值的研究课题，学会运用科学方法开展研究。能主动运用所学知识理解与解决问题，并做出基于证据的解释，形成基本符合规范的研究报告或其他形式的研究成果。

（4）创意物化：运用一定的操作技能解决生活中的问题，将一定的想法或创意付诸实践，通过设计、制作或装配等，制作和不断改进较为复杂的制品或用品，发展实践创新意识和审美意识，提高创意实现能力。通过信息技术的学习实践，提高利用信息技术进行分析和解决问题的能力以及数字化产品的设计与制作能力。

3. 高中阶段具体目标

（1）价值体认：通过自觉参加班团活动、走访模范人物、研学旅行、职业体验活动，组织社团活动，深化社会规则体验、国家认同、文化自信，初步体悟个人成长与职业世界、社会进步、国家发展和人类命运共同体的关系，增强根据自身兴趣专长进行生涯规划和职业选择的能力，强化对中国共产党的认识和感情，具有中国特色社会主义共同理想和国际视野。

（2）责任担当：关心他人、社区和社会发展，能持续地参与社区服务与社会实践活动，关注社区及社会存在的主要问题，热心参与志愿者活动和公益活动，增强社会责任意识和法治观念，形成主动服务他人、服务社会的情怀，理解并践行社会公德，提高社会服务能力。

（3）问题解决：能对个人感兴趣的领域开展广泛的实践探索，提出具有一定新意和深度的问题，综合运用知识分析问题，用科学方法开展研究，增强解决实际问题的能力。能及时对研究过程及研究结果进行审视、反思并优化调整，建构基于证据的、具有说服力的解释，形成比较规范的研究报告或其他形式的研究成果。

（4）创意物化：积极参与动手操作实践，熟练掌握多种操作技能，综合运用技能解决生活中的复杂问题。增强创意设计、动手操作、技术应用和物化能力。形成在实践操作中学习的意识，提高综合解决问题的能力。

三、课程内容与活动方式

学校和教师要根据综合实践活动课程的目标，并基于学生发展的实际需求，设计活动主题和具体内容，并选择相应的活动方式。

（一）内容选择与组织原则

综合实践活动课程的内容选择与组织应遵循如下原则：

1.自主性

在主题开发与活动内容选择时，要重视学生自身发展需求，尊重学生的自主选择。教师要善于引导学生围绕活动主题，从特定的角度切入，选择具体的活动内容，并自定活动目标任务，提升自主规划和管理能力。同时，要善于捕捉和利用课程实施过程中生成的有价值的问题，指导学生深化活动主题，不断完善活动内容。

2.实践性

综合实践活动课程强调学生亲身经历各项活动，在"动手做""实验""探究""设计""创作""反思"的过程中进行"体验""体悟""体认"，在全身心参与的活动中，发现、分析和解决问题，体验和感受生活，发展实践创新能力。

3.开放性

综合实践活动课程面向学生的整个生活世界，具体活动内容具有开放性。教师要基于学生已有经验和兴趣专长，打破学科界限，选择综合性活动内容，鼓励学生跨领域、跨学科学习，为学生自主活动留出余地。要引导学生把自

己成长的环境作为学习场所，在与家庭、学校、社区的持续互动中，不断拓展活动时空和活动内容，使自己的个性特长、实践能力、服务精神和社会责任感不断获得发展。

4. 整合性

综合实践活动课程的内容组织，要结合学生发展的年龄特点和个性特征，以促进学生的综合素质发展为核心，均衡考虑学生与自然的关系、学生与他人和社会的关系、学生与自我的关系这三个方面的内容。对活动主题的探究和体验，要体现个人、社会、自然的内在联系，强化科技、艺术、道德等方面的内在整合。

5. 连续性

综合实践活动课程的内容设计应基于学生可持续发展的要求，设计长短期相结合的主题活动，使活动内容具有递进性。要促使活动内容由简单走向复杂，使活动主题向纵深发展，不断丰富活动内容、拓展活动范围，促进学生综合素质的持续发展。要处理好学期之间、学年之间、学段之间活动内容的有机衔接与联系，构建科学合理的活动主题序列。

（二）活动方式

综合实践活动的主要方式及其关键要素为：

1. 考察探究

考察探究是学生基于自身兴趣，在教师的指导下，从自然、社会和学生自身生活中选择和确定研究主题，开展研究性学习，在观察、记录和思考中，主动获取知识，分析并解决问题的过程，如野外考察、社会调查、研学旅行等，它注重运用实地观察、访谈、实验等方法，获取材料，形成理性思维、批判质疑和勇于探究的精神。考察探究的关键要素包括：发现并提出问题；提出假设，选择方法，研制工具；获取证据；提出解释或观念；交流、评价探究成果；反思和改进。

2. 社会服务

社会服务指学生在教师的指导下，走出教室，参与社会活动，以自己的劳动满足社会组织或他人的需要，如公益活动、志愿服务、勤工俭学等，它强调学生在满足被服务者需要的过程中，获得自身发展，促进相关知识技能的学习，提升实践能力，成为履职尽责、敢于担当的人。社会服务的关键要素包括：明确服务对象与需要；制订服务活动计划；开展服务行动；反思服务经历，分享活动经验。

3. 设计制作

设计制作指学生运用各种工具、工艺（包括信息技术）进行设计，并动手操作，将自己的创意、方案付诸现实，转化为物品或作品的过程，如动漫制作、编程、陶艺创作等，它注重提高学生的技术意识、工程思维、动手操作能力等。在活动过程中，鼓励学生手脑并用，灵活掌握、融会贯通各类知识和技巧，提高学生的技术操作水平、知识迁移水平，体验工匠精神等。设计制作的关键要素包括：创意设计；选择活动材料或工具；动手制作；交流展示物品或作品，反思与改进。

4. 职业体验

职业体验指学生在实际工作岗位上或模拟情境中见习、实习，体认职业角色的过程，如军训、学工、学农等，它注重让学生获得对职业生活的真切理解，发现自己的专长，培养职业兴趣，形成正确的劳动观念和人生志向，提升生涯规划能力。职业体验的关键要素包括：选择或设计职业情境；实际岗位演练；总结、反思和交流经历过程；概括提炼经验，行动应用。

综合实践活动除了以上活动方式外，还有党团队教育活动、博物馆参观等。综合实践活动方式的划分是相对的。在活动设计时可以有所侧重，以某种方式为主，兼顾其他方式；也可以整合方式实施，使不同活动要素彼此渗透、融合贯通。要充分发挥信息技术对于各类活动的支持作用，有效促进问题解决、交流协作、成果展示与分享等。

四、学校对综合实践活动课程的规划与实施

（一）课程规划

中小学校是综合实践活动课程规划的主体，应在地方指导下，对综合实践活动课程进行整体设计，将办学理念、办学特色、培养目标、教育内容等融入其中。要依据学生发展状况、学校特色、可利用的社区资源（如各级各类青少年校外活动场所、综合实践基地和研学旅行基地等）对综合实践活动课程进行统筹考虑，形成综合实践活动课程总体实施方案；还要基于学生的年段特征、阶段性发展要求，制定具体的"学校学年（或学期）活动计划与实施方案"，对学年、学期活动做出规划。要使总体实施方案和学年（或学期）活动计划相互配套、衔接，形成促进学生持续发展的课程实施方案。

学校在课程规划时要注意处理好以下关系：

1. 综合实践活动课程的预设与生成

学校要统筹安排各年级、各班级学生的综合实践活动课时、主题、指导教师、场地设施等，加强与校外活动场所的沟通协调，为每一个学生参与活动创造必要条件，提供发展机遇，但不得以单一、僵化、固定的模式去约束所有班级、社团的具体活动过程，剥夺学生自主选择的空间。要允许和鼓励师生从生活中选择有价值的活动主题，选择适当的活动方式创造性地开展活动。要关注学生活动的生成性目标与生成性主题并引导其发展，为学生创造性的发展开辟广阔空间。

2. 综合实践活动课程与学科课程

在设计与实施综合实践活动课程中，要引导学生主动运用各门学科知识分析解决实际问题，使学科知识在综合实践活动中得到延伸、综合、重组与提升。学生在综合实践活动中所发现的问题要在相关学科教学中分析解决，所获得的知识要在相关学科教学中拓展加深。防止用学科实践活动取代综合实践活动。

3. 综合实践活动课程与专题教育

可将有关专题教育，如优秀传统文化教育、革命传统教育、国家安全教育、心理健康教育、环境教育、法治教育、知识产权教育等，转化为学生感兴趣的综合实践活动主题，让学生通过亲历感悟、实践体验、行动反思等方式实现专题教育的目标，防止将专题教育简单等同于综合实践活动课程。要在国家宪法日、国家安全教育日、全民国防教育日等重要时间节点，组织学生开展相关主题教育活动。

（二）课程实施

作为综合实践活动课程实施的主体，学校要明确实施机构及人员、组织方式等，加强过程指导和管理，确保课程实施到位。

1. 课时安排

小学 1-2 年级，平均每周不少于 1 课时；小学 3-6 年级和初中，平均每周不少于 2 课时；高中执行课程方案相关要求，完成规定学分。各学校要切实保证综合实践活动时间，在开足规定课时总数的前提下，根据具体活动需要，把课时的集中使用与分散使用有机结合起来。要根据学生活动主题的特点和需要，灵活安排、有效使用综合实践活动时间。学校要给予学生广阔的探究时空环境，保证学生活动的连续性和长期性。要处理好课内与课外的关系，合理安排时间并拓展学生的活动空间与学习场域。

2. 实施机构与人员

学校要成立综合实践活动课程领导小组，结合实际情况设置专门的综合实践活动课程中心或教研组，或由教科室、教务处、学生处等职能部门，承担起学校课程实施规划、组织、协调与管理等方面的责任，负责制定并落实学校综合实践活动课程实施方案，整合校内外教育资源，统筹协调校内外相关部门的关系，联合各方面的力量，特别是加强与校外活动场所的沟通协调，保证综合实践活动课程的有效实施。要充分发挥少先队、共青团以及学生社团组织的作用。

要建立专兼职相结合、相对稳定的指导教师队伍。学校教职工要全员参与，分工合作。原则上每所学校至少配备 1 名专任教师，主要负责指导学生开展综合实践活动，组织其他学科教师开展校本教研活动。各学科教师要发挥专业优势，主动承担指导任务。积极争取家长、校外活动场所指导教师、社区人才资源等有关社会力量成为综合实践活动课程的兼职指导教师，协同指导学生综合实践活动的开展。

3. 组织方式

综合实践活动以小组合作方式为主，也可以个人单独进行。小组合作范围可以从班级内部，逐步走向跨班级、跨年级、跨学校和跨区域等。要根据实际情况灵活运用各种组织方式。要引导学生根据兴趣、能力、特长、活动需要，明确分工，做到人尽其责，合理高效。既要让学生有独立思考的时间和空间，又要充分发挥合作学习的优势，重视培养学生的自主参与意识与合作沟通能力。鼓励学生利用信息技术手段突破时空界限，进行广泛的交流与密切合作。

4. 教师指导

在综合实践活动实施过程中，要处理好学生自主实践与教师有效指导的关系。教师既不能"教"综合实践活动，也不能推卸指导的责任，而应当成为学生活动的组织者、参与者和促进者。教师的指导应贯穿于综合实践活动实施的全过程。

在活动准备阶段，教师要充分结合学生经验，为学生提供活动主题选择以及提出问题的机会，引导学生构思选题，鼓励学生提出感兴趣的问题，并及时捕捉活动中学生动态生成的问题，组织学生就问题展开讨论，确立活动

目标内容。要让学生积极参与活动方案的制定过程，通过合理的时间安排、责任分工、实施方法和路径选择，对活动可利用的资源及活动的可行性进行评估等，增强活动的计划性，提高学生的活动规划能力。同时，引导学生对活动方案进行组内及组间讨论，吸纳合理化建议，不断优化完善方案。

在活动实施阶段，教师要创设真实的情境，为学生提供亲身经历与现场体验的机会，让学生经历多样化的活动方式，促进学生积极参与活动过程，在现场考察、设计制作、实验探究、社会服务等活动中发现和解决问题，体验和感受学习与生活之间的联系。要加强对学生活动方式与方法的指导，帮助学生找到适合自己的学习方式和实践方式。教师指导重在激励、启迪、点拨、引导，不能对学生的活动过程包办代替。还要指导学生做好活动过程的记录和活动资料的整理。

在活动总结阶段，教师要指导学生选择合适的结果呈现方式，鼓励多种形式的结果呈现与交流，如绘画、摄影、戏剧与表演等，对活动过程和活动结果进行系统梳理和总结，促进学生自我反思与表达、同伴交流与对话。要指导学生学会通过撰写活动报告、反思日志、心得笔记等方式，反思成败得失，提升个体经验，促进知识建构，并根据同伴及教师提出的反馈意见和建议查漏补缺，明确进一步的探究方向，深化主题探究和体验。

5. 活动评价

综合实践活动情况是学生综合素质评价的重要内容。各学校和教师要以促进学生综合素质持续发展为目的设计与实施综合实践活动评价。要坚持评价的方向性、指导性、客观性、公正性等原则。

突出发展导向。坚持学生成长导向，通过对学生成长过程的观察、记录、分析，促进学校及教师把握学生的成长规律，了解学生的个性与特长，不断激发学生的潜能，为更好地促进学生成长提供依据。评价的首要功能是让学生及时获得关于学习过程的反馈，改进后续活动。要避免评价过程中只重结果、不重过程的现象。要对学生作品进行深入分析和研究，挖掘其背后蕴藏的学生的思想、创意和体验，杜绝对学生的作品随意打分和简单排名等功利主义做法。

做好写实记录。教师要指导学生客观记录参与活动的具体情况，包括活动主题、持续时间、所承担的角色、任务分工及完成情况等，及时填写活动记录单，并收集相关事实材料，如活动现场照片、作品、研究报告、实践单位证明等。活动记录、事实材料要真实、有据可查，为综合实践活动评价提供必要基础。

建立档案袋。在活动过程中，教师要指导学生分类整理、遴选具有代表性的重要活动记录、典型事实材料以及其他有关资料，编排、汇总、归档，形成每一个学生的综合实践活动档案袋，并纳入学生综合素质档案。档案袋是学生自我评价、同伴互评、教师评价学生的重要依据，也是招生录取中综合评价的重要参考。

开展科学评价。原则上每学期末，教师要依据课程目标和档案袋，结合平时对学生活动情况的观察，对学生综合素质发展水平进行科学分析，写出有关综合实践活动情况的评语，引导学生扬长避短，明确努力方向。高中学校要结合实际情况，研究制定学生综合实践活动评价标准和学分认定办法，对学生综合实践活动课程学分进行认定。

五、课程管理与保障

（一）教师培训与教研指导

地方教育行政部门和学校要加强调研，了解综合实践活动指导教师专业发展的需求，搭建多样化的交流平台，强化培训和教研，推动教师的持续发展。

1. 建立指导教师培训制度

要开展对综合实践活动课程专兼职教师的全员培训，明确培训目标，努力提升教师的跨学科知识整合能力，观察、研究学生的能力，指导学生规划、设计与实施活动的能力，课程资源的开发和利用能力等。要根据教师的实际需求，开发相应的培训课程，组织教师按照课程要求进行系统学习。要不断探索和改进培训方式方法，倡导参与式培训、案例培训和项目研究等，不断激发教师内在的学习动力。

2. 建立健全日常教研制度

各学校要通过专业引领、同伴互助、合作研究，积极开展以校为本的教研活动，及时分析、解决课程实施中遇到的问题，提高课程实施的有效性。各级教研机构要配备综合实践活动专职教研员，加强对校本教研的指导，并组织开展专题教研、区域教研、网络教研等，通过协同创新、校际联动、区域推进，提高中小学综合实践活动整体实施水平。

（二）支持体系建设与保障

1. 网络资源开发

地方教育行政部门、教研机构和学校要开发优质网络资源，遴选相关影

视作品等充实资源内容，为课程实施提供资源保障。要充分发挥师生在课程资源开发中的主体性与创造性，及时总结、梳理来自教学一线的典型案例和鲜活经验，动态生成分年级、分专题的综合实践活动课程资源包。各地要探索和建立优质资源的共享与利用机制，打造省、市、县、校多级联动的共建共享平台，为课程实施提供高质量、常态化的资源支撑。

2. 硬件配套与利用

学校要为综合实践活动的实施提供配套硬件资源与耗材，并积极争取校外活动场所支持，建立课程资源的协调与共享机制，充分发挥实验室、专用教室及各类教学设施在综合实践活动课程实施过程中的作用，提高使用效益，避免资源闲置与浪费。有条件的学校可以建设专用活动室或实践基地，如创客空间等。

地方教育行政部门要加强实践基地建设，强化资源统筹管理，建立健全校内外综合实践活动课程资源的利用与相互转换机制，强化公共资源间的相互联系和硬件资源的共享，为学校利用校外图书馆、博物馆、展览馆、科技馆、实践基地等各种社会资源及丰富的自然资源提供政策支持。

3. 经费保障

地方和学校要确保开展综合实践活动所需经费，支持综合实践活动课程资源和实践基地建设、专题研究等。

4. 安全保障

地方教育行政部门要与有关部门统筹协调，建立安全管控机制，分级落实安全责任。学校要设立安全风险预警机制，建立规范化的安全管理制度及管理措施。教师要增强安全意识，加强对学生的安全教育，提升学生安全防范能力，制定安全守则，落实安全措施。

（三）考核与激励机制

1. 建立健全指导教师考核激励机制

各地和学校明确综合实践活动课程教师考核要求和办法，科学合理地计算教师工作量，将指导学生综合实践活动的工作业绩作为教师职称晋升和岗位聘任的重要依据，对取得显著成效的指导教师给予表彰奖励。

2. 加强对课程实施情况的督查

将综合实践活动课程实施情况，包括课程开设情况及实施效果，纳入中小学课程实施监测，建立关于中小学综合实践活动课程的反馈改进机制。地方教育行政部门和教育督导部门要将综合实践活动实施情况作为检查督导的重要内容。

3. 开展优秀成果交流评选

依托有关专业组织、教科研机构、基础教育课程中心等，开展中小学生综合实践活动课程展示交流活动，激发广大中小学生实践创新的潜能和动力。将中小学综合实践活动课程探索成果纳入基础教育教学成果评选范围，对优秀成果予以奖励，发挥优秀成果的示范引领作用，激励广大中小学教师和专职研究人员持续性从事中小学综合实践活动课程研究和实践探索。

（附件略）

大中小学劳动教育指导纲要（试行）①

为深入贯彻习近平总书记关于教育的重要论述，全面贯彻党的教育方针，落实《中共中央 国务院关于全面加强新时代大中小学劳动教育的意见》，加快构建德智体美劳全面培养的教育体系，制定本指导纲要。

一、劳动教育性质和基本理念

（一）劳动教育性质

劳动是创造物质财富和精神财富的过程，是人类特有的基本社会实践活动。劳动教育是发挥劳动的育人功能，对学生进行热爱劳动、热爱劳动人民的教育活动。当前实施劳动教育的重点是在系统的文化知识学习之外，有目的、有计划地组织学生参加日常生活劳动、生产劳动和服务性劳动，让学生动手实践、出力流汗，接受锻炼、磨炼意志，培养学生正确劳动价值观和良好劳动品质。

劳动教育是新时代党对教育的新要求，是中国特色社会主义教育制度的重要内容，是全面发展教育体系的重要组成部分，是大中小学必须开展的教育活动。它具有鲜明的思想性，必须将马克思主义劳动观贯彻始终，强调劳动是一切财富、价值的源泉，劳动者是国家的主人，一切劳动和劳动者都应该得到鼓励和尊重；倡导通过诚实劳动创造美好生活、实现人生梦想，反对一切不劳而获、崇尚暴富、贪图享乐的错误思想。具有突出的社会性，必须加强学校教育与社会生活、生产实践的直接联系，发挥劳动在个人与社会之间的纽带作用，引导学生认识社会，增强社会责任感；同时注重让学生学会分工合作，体会社会主义社会平等、和谐的新型劳动关系。具有显著的实践性，必须面向真实的生活世界和职业世界，引导学生以动手实践为主要方式，在认识世界的基础上，获得有积极意义的价值体验，学会建设世界，塑造自己，实现树德、增智、强体、育美的目的。

（二）劳动教育基本理念

1. 强化劳动观念，弘扬劳动精神。将劳动观念和劳动精神教育贯穿人才培养全过程，贯穿家庭、学校、社会各方面。注重让学生在学习和掌握基本劳动知识技能的过程中，领悟劳动的意义价值，形成勤俭、奋斗、创新、奉

---

① 中华人民共和国教育部官网：《教育部关于印发〈大中小学劳动教育指导纲要（试行）〉的通知》，2020年7月9日，https://www.moe.gov.cn|srcsite/A261jcj_kcjcgh/202007/t20200715_472808.html。

献的劳动精神。

2. 强调身心参与，注重手脑并用。把握劳动教育的根本特征，让学生面对真实的个人生活、生产和社会性服务任务情境，亲历实际的劳动过程，善于观察思考，注重运用所学知识解决实际问题，提高劳动质量和效率。

3. 继承优良传统，彰显时代特征。在充分发挥传统劳动、传统工艺项目育人功能的同时，紧跟科技发展和产业变革，准确把握新时代劳动工具、劳动技术、劳动形态的新变化，创新劳动教育内容、途径、方式，增强劳动教育的时代性。

4. 发挥主体作用，激发创新创造。关注学生劳动过程中的体验和感悟，引导学生感受劳动的艰辛和收获的快乐，增强获得感、成就感、荣誉感。鼓励学生在学习和借鉴他人丰富经验、技艺的基础上，尝试新方法、探索新技术，打破僵化思维方式，推陈出新。

二、劳动教育目标和内容

（一）总体目标

准确把握社会主义建设者和接班人的劳动精神面貌、劳动价值取向和劳动技能水平的培养要求，全面提高学生劳动素养，使学生：

树立正确的劳动观念。正确理解劳动是人类发展和社会进步的根本力量，认识劳动创造人、劳动创造价值、创造财富、创造美好生活的道理，尊重劳动，尊重普通劳动者，牢固树立劳动最光荣、劳动最崇高、劳动最伟大、劳动最美丽的思想观念。

具有必备的劳动能力。掌握基本的劳动知识和技能，正确使用常见劳动工具，增强体力、智力和创造力，具备完成一定劳动任务所需要的设计、操作能力及团队合作能力。

培育积极的劳动精神。领会"幸福是奋斗出来的"内涵与意义，继承中华民族勤俭节约、敬业奉献的优良传统，弘扬开拓创新、砥砺奋进的时代精神。

养成良好的劳动习惯和品质。能够自觉自愿、认真负责、安全规范、坚持不懈地参与劳动，形成诚实守信、吃苦耐劳的品质。珍惜劳动成果，养成良好的消费习惯，杜绝浪费。

（二）主要内容

主要包括日常生活劳动、生产劳动和服务性劳动中的知识、技能与价值观。日常生活劳动教育立足个人生活事务处理，结合开展新时代校园爱国卫生运动，注重生活能力和良好卫生习惯培养，树立自立自强意识。生产劳动

教育要让学生在工农业生产过程中直接经历物质财富的创造过程，体验从简单劳动、原始劳动向复杂劳动、创造性劳动的发展过程，学会使用工具，掌握相关技术，感受劳动创造价值，增强产品质量意识，体会平凡劳动中的伟大。服务性劳动教育让学生利用知识、技能等为他人和社会提供服务，在服务性岗位上见习实习，树立服务意识，实践服务技能；在公益劳动、志愿服务中强化社会责任感。

（三）学段要求

1. 小学

低年级：以个人生活起居为主要内容，开展劳动教育，注重培养劳动意识和劳动安全意识，使学生懂得人人都要劳动，感知劳动乐趣，爱惜劳动成果。指导学生：（1）完成个人物品整理、清洗，进行简单的家庭清扫和垃圾分类等，树立自己的事情自己做的意识，提高生活自理能力；（2）参与适当的班级集体劳动，主动维护教室内外环境卫生等，培养集体荣誉感；（3）进行简单手工制作，照顾身边的动植物，关爱生命，热爱自然。

中高年级：以校园劳动和家庭劳动为主要内容开展劳动教育，体会劳动光荣，尊重普通劳动者，初步养成热爱劳动、热爱生活的态度。指导学生：（1）参与家居清洁、收纳整理，制作简单的家常餐等，每年学会1—2项生活技能，增强生活自理能力和勤俭节约意识，培养家庭责任感；（2）参加校园卫生保洁、垃圾分类处理、绿化美化等，适当参加社区环保、公共卫生等力所能及的公益劳动，增强公共服务意识；（3）初步体验种植、养殖、手工制作等简单的生产劳动，初步学会与他人合作劳动，懂得生活用品、食品来之不易，珍惜劳动成果。

2. 初中

兼顾家政学习、校内外生产劳动、服务性劳动，安排劳动教育内容，开展职业启蒙教育，体会劳动创造美好生活，养成认真负责、吃苦耐劳的劳动品质和安全意识，增强公共服务意识和担当精神。让学生：（1）承担一定的家庭日常清洁、烹饪、家居美化等劳动，进一步培养生活自理能力和习惯，增强家庭责任意识；（2）定期开展校园包干区域保洁和美化，以及助残、敬老、扶弱等服务性劳动，初步形成对学校、社区负责任的态度和社会公德意识；（3）适当体验包括金工、木工、电工、陶艺、布艺等项目在内的劳动及传统工艺制作过程，尝试家用器具、家具、电器的简单修理，参与种植、养殖等生产活动，学习相关技术，获得初步的职业体验，形成初步的生涯规划意识。

3. 普通高中

注重围绕丰富职业体验，开展服务性劳动和生产劳动，理解劳动创造价值，接受锻炼、磨炼意志，具有劳动自立意识和主动服务他人、服务社会的情怀。指导学生：（1）持续开展日常生活劳动，增强生活自理能力，固化良好劳动习惯；（2）选择服务性岗位，经历真实的岗位工作过程，获得真切的职业体验，培养职业兴趣；积极参加大型赛事、社区建设、环境保护等公益活动、志愿服务，强化社会责任意识和奉献精神；（3）统筹劳动教育与通用技术课程相关内容，从工业、农业、现代服务业以及中华优秀传统文化特色项目中，自主选择1—2项生产劳动，经历完整的实践过程，提高创意物化能力，养成吃苦耐劳、精益求精的品质，增强生涯规划的意识和能力。

4. 职业院校

重点结合专业特点，增强职业荣誉感和责任感，提高职业劳动技能水平，培育积极向上的劳动精神和认真负责的劳动态度。组织学生：（1）持续开展日常生活劳动，自我管理生活，提高劳动自立自强的意识和能力；（2）定期开展校内外公益服务性劳动，做好校园环境秩序维护，运用专业技能为社会、为他人提供相关公益服务，培育社会公德，厚植爱国爱民的情怀；（3）依托实习实训，参与真实的生产劳动和服务性劳动，增强职业认同感和劳动自豪感，提升创意物化能力，培育不断探索、精益求精、追求卓越的工匠精神和爱岗敬业的劳动态度，坚信"三百六十行，行行出状元"，体认劳动不分贵贱，任何职业都很光荣，都能出彩。

5. 普通高等学校

强化马克思主义劳动观教育，注重围绕创新创业，结合学科专业开展生产劳动和服务性劳动，积累职业经验，培育创造性劳动能力和诚实守信的合法劳动意识。使学生：（1）掌握通用劳动科学知识，深刻理解马克思主义劳动观和社会主义劳动关系，树立正确的择业就业创业观，具有到艰苦地区和行业工作的奋斗精神；（2）巩固良好日常生活劳动习惯，自觉做好宿舍卫生保洁，独立处理个人生活事务，积极参加勤工助学活动，提高劳动自立自强能力；（3）强化服务性劳动，自觉参与教室、食堂、校园场所的卫生保洁、绿化美化和管理服务等，结合"三支一扶"、大学生志愿服务西部计划、"青年红色筑梦之旅""三下乡"等社会实践活动开展服务性劳动，强化公共服务意识和面对重大疫情、灾害等危机主动作为的奉献精神；（4）重视生产劳动锻炼，积极参加实习实训、专业服务和创新创业活动，重视新知识、新技术、

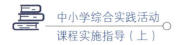
新工艺、新方法的运用，提高在生产实践中发现问题和创造性解决问题的能力，在动手实践的过程中创造有价值的物化劳动成果。

三、劳动教育途径、关键环节和评价

（一）劳动教育途径

将劳动教育纳入人才培养全过程，丰富、拓展劳动教育实施途径。

1. 独立开设劳动教育必修课

在大中小学设立劳动教育必修课程。中小学劳动教育课平均每周不少于1课时，用于活动策划、技能指导、练习实践、总结交流等，与通用技术和地方课程、校本课程等有关内容进行必要统筹。职业院校开设劳动专题教育必修课，不少于16学时；主要围绕劳动精神、劳模精神、工匠精神、劳动组织、劳动安全和劳动法规等方面设计。普通高等学校要将劳动教育纳入专业人才培养方案，明确主要依托的课程，可在已有课程中专设劳动教育模块，也可专门开设劳动专题教育必修课，本科阶段不少于32学时；课程内容应加强马克思主义劳动观教育，普及与学生职业发展密切相关的通用劳动科学知识，并经历必要的实践体验。

2. 在学科专业中有机渗透劳动教育

中小学道德与法治（思想政治）、语文、历史、艺术等学科要有重点地纳入劳动创造人本身、劳动创造历史、劳动创造世界、劳动不分贵贱等马克思主义劳动观，纳入歌颂劳模、歌颂普通劳动者的选文选材，纳入阐释勤劳、节俭、艰苦奋斗等中华民族优良传统的内容，加强对学生辛勤劳动、诚实劳动、合法劳动等方面的教育。数学、科学、地理、技术、体育与健康等学科要注重培养学生劳动的科学态度、规范意识、效率观念和创新精神。

职业院校要将劳动教育全面融入公共基础课，要强化马克思主义劳动观、劳动安全、劳动法规教育。专业课在进行职业劳动知识技能教学的同时，注重培养"干一行爱一行"的敬业精神，吃苦耐劳、团结合作、严谨细致的工作态度。

普通高等学校要将劳动教育有机纳入专业教育、创新创业教育，不断深化产教融合，强化劳动锻炼要求，加强高等学校与行业骨干企业、高新企业、中小微企业紧密协同，推动人才培养模式改革。专业类课程主要与服务学习、实习实训、科学实验、社会实践、毕业设计等相结合开展各类劳动实践，注重分析相关劳动形态发展趋势，强化劳动品质培养。在公共必修课中，要进一步强化马克思主义劳动观教育、劳动相关法律法规与政策教育。

3. 在课外校外活动中安排劳动实践

将劳动教育与学生的个人生活、校园生活和社会生活有机结合起来，丰富劳动体验，提高劳动能力，深化对劳动价值的理解。

中小学每周课外活动和家庭生活中劳动时间，小学 1 至 2 年级不少于 2 小时，其他年级不少于 3 小时；职业院校和普通高等学校要明确生活中的劳动事项和时间，纳入学生日常管理工作。

大中小学每学年设立劳动周，采用专题讲座、主题演讲、劳动技能竞赛、劳动成果展示、劳动项目实践等形式进行。小学以校内为主，小学高年级可适当安排部分校外劳动；普通中学、职业院校和普通高等学校兼顾校内外，可在学年内或寒暑假安排，以集体劳动为主，由学校组织实施。高等学校也可安排劳动月，集中落实各学年劳动周要求。

4. 在校园文化建设中强化劳动文化

学校要将劳动习惯、劳动品质的养成教育融入校园文化建设之中。要通过制定劳动公约、每日劳动常规、学期劳动任务单，采取与劳动教育有关的兴趣小组、社团等组织形式，结合植树节、学雷锋纪念日、五一劳动节、农民丰收节、志愿者日等，开展丰富的劳动主题教育活动，营造劳动光荣、创造伟大的校园文化。

要举办"劳模大讲堂""大国工匠进校园"、优秀毕业生报告会等劳动榜样人物进校园活动，组织劳动技能和劳动成果展示，综合运用讲座、宣传栏、新媒体等，广泛宣传劳动榜样人物事迹，特别是身边的普通劳动者事迹，让师生在校园里近距离接触劳动模范，聆听劳模故事，观摩精湛技艺，感受并领悟勤勉敬业的劳动精神，争做新时代的奋斗者。

（二）劳动教育关键环节

各地和学校要注重围绕劳动教育的目标和内容要求，从提高劳动教育的效果出发，把握劳动教育任务的特点，抓住关键环节，选择适宜的劳动教育方式。

1. 讲解说明。围绕劳动为什么、是什么问题，有重点地进行讲解，让学生懂得劳动的意义和价值。加强劳动观念、劳动纪律、劳动相关法律法规的正面引导，指明轻视劳动特别是轻视普通劳动的危害，让学生明辨是非。加强劳动知识技能的讲解，让学生认清事理，掌握实践操作的基本原理、程序、规则，正确使用工具的方法和技术。讲解要与启发思考、示范、练习等结合起来。

2. 淬炼操作。围绕如何做的问题，注重示范与练习，让学生会劳动。强化规范意识，注重从最基本的程序学起，严守规则，避免主观随意。强化质量意识，注重引导学生关注细节，每个步骤、环节都要精准到位。强化专注品质，注重引导学生对操作行为的评估与监控，做到眼到手到心到，有始有终。

3. 项目实践。围绕劳动能力的培养，让学生完成真实、综合任务，经历完整劳动过程。注重劳动价值体认，引导学生从现实生活中发现需求，选择和确定劳动项目。强化规划设计意识，充分发挥学生的主动性、积极性、创造性，引导学生对项目实践进行整体构思，综合运用所学知识、技术，不断优化行动方案。强化身体力行，锤炼意志品质，敢于在困难与挑战中完成行动任务。

4. 反思交流。围绕劳动价值意义的建构，引导学生总结、交流，促进学生形成反思交流习惯。指导学生思考劳动过程和结果与社会进步、个体成长的关联，避免停留在简单的苦乐体验上。组织学生交流分享劳动的体验和收获，肯定具有积极意义的认识，纠正观念上的偏差。将反思交流与改进结合起来，使学生在劳动中获得成长。

5. 榜样激励。围绕劳动的精神追求，树立典型，激发劳动热情。注意遴选、树立多类型榜样，不仅要有大国工匠、劳动模范，还要有身边劳动表现优异的普通劳动者和同学。指导学生从榜样的具体事迹中领悟他们的高尚精神和优良品质。明确要求学生在日常劳动实践中努力向榜样看齐。

（三）劳动教育评价

将劳动素养纳入学生综合素质评价体系。以劳动教育目标、内容要求为依据，将过程性评价和结果性评价结合起来，健全和完善学生劳动素养评价标准、程序和方法，鼓励、支持各地利用大数据、云平台、物联网等现代信息技术手段，开展劳动教育过程监测与记实评价，发挥评价的育人导向和反馈改进功能。

1. 平时表现评价

要在平时劳动教育实践活动中及时进行评价，以评价促进学生发展。要覆盖各类型劳动教育活动，明确学年劳动实践类型、次数、时间等考核要求。关注学生在劳动教育活动中的实际表现，注重从行为表现中分析把握劳动观念形成情况。以自我评价为主，辅以教师、同伴、家长、服务对象、用人单位等他评方式，指导学生进行反思改进。要指导学生如实记录劳动教育活动情况，收集整理相关制品、作品等，选择代表性的写实记录，纳入综合素质档案，作为学生学年评优评先的重要参考。

2. 学段综合评价

学段结束时，要依据学段目标和内容，结合综合素质档案分析，兼顾必修课学习和课外劳动实践，对劳动观念、劳动能力、劳动精神、劳动习惯和品质等劳动素养发展状况进行综合评定。建立诚信机制，实行写实记录抽查制度，对弄虚作假者在评优评先方面一票否决，性质严重的应依法依规严肃处理。在高中和大学开展志愿者星级认证。高中学校和高等学校要将考核结果作为毕业依据之一。推动将学段综合评价结果作为学生升学、就业的重要参考。

3. 开展学生劳动素养监测

将学生劳动素养监测纳入基础教育质量监测、职业院校教学质量评估和普通高等学校本科教学质量评估。可委托有关专业机构，定期组织开展关于学生劳动素养状况调查，注重学生劳动观念、劳动能力、劳动精神、劳动习惯和品质等的监测。发挥监测结果的示范引导、反馈改进等功能。

四、学校劳动教育的规划与实施

（一）整体规划劳动教育

学校是劳动教育的实施主体，应根据国家相关规定，结合当地和本校实际情况，对劳动教育进行整体设计、系统规划，形成劳动教育总体实施方案。方案要明确劳动教育目标内容、课时安排、主要劳动实践活动安排、劳动教育过程组织与指导及考核评价办法等。同时要基于学生的年段特征、阶段性教育要求，研究制定"学校学年（或学期）劳动教育计划"，对学年、学期劳动教育实践活动作出具体安排，特别是规划好劳动周等集中劳动，细化有关要求。使总体实施方案和学年（或学期）活动计划相互配套、衔接，形成可持续开展的劳动教育实施方案。

学校在劳动教育规划时要注意处理以下几个方面的关系：

1. 理论学习和实践锻炼的关系

理论学习和实践锻炼都是劳动教育的必要内容。理论学习重在让学生理解和掌握"劳动创造了人本身""劳动创造世界"等历史唯物主义基本理论主张以及劳动相关法律、法规、政策，作为行动的指南。实践锻炼重在将所学知识转化为真正有用的实际本领，形成良好的劳动习惯，弘扬劳动精神。规划劳动教育时，要两者兼顾，坚持以实践锻炼为主，切实保证每一个学生都有必要的劳动实践经历，不能只是口头上喊劳动、课堂上讲劳动。要通过学

生实践前的计划构想、实践中的观察思考和实践后的反思交流，加深对有关思想理论、法规政策的理解，实现理论学习和实践锻炼的统一。

2. 劳动教育与其他教育活动的关系

在开足专门劳动教育必修课的同时，中小学劳动教育必修课实践环节中与综合实践活动的社会服务、设计制作、职业体验重叠部分，可整合实施。职业院校、普通高等学校劳动教育中学生生产劳动和服务性劳动可以通过专业实习、实训、创新创业等实践环节完成，日常生活劳动可以通过学生管理落实。

3. 劳动的传统形态与新形态的关系

将日常生活劳动教育贯穿大中小学始终。在安排生产劳动和服务性劳动项目时，中小学要以使用传统工具、传统工艺的劳动为主，引导学生体会劳动人民的艰辛与智慧，传承中华优秀传统文化，兼顾使用新知识、新技术、新工艺、新方法的劳动。职业院校、普通高等学校要注重结合产业新业态、劳动新形态，选择现代农业、工业、服务业项目，提升创造性劳动能力。

（二）劳动教育的组织实施

1. 实施机构和人员

学校要建立健全劳动教育组织实施的工作机制。明确主管校领导，设置机构或明确相关部门负责劳动教育的规划设计、组织协调、资源整合、师资培训、过程管理、总结评价等。

要建立专兼职相结合的劳动教育教师队伍。根据学校劳动教育需要，明确劳动教育责任人，进行劳动教育规划、组织实施、评价等，配齐劳动教育必修课教师，保持教师队伍的相对稳定性。要充分发挥教职员工特别是班主任、辅导员、导师的作用，利用少先队、共青团、党组织以及学生社团等各方面的力量，合力开展劳动教育实践活动。充分利用家长及当地人力资源，聘请相关行业专业人士担任劳动实践指导教师。

2. 劳动安全风险防范与管理

学校要把劳动安全教育与管理作为组织实施的必要内容，强化劳动安全意识，建立健全安全教育与管理并重的劳动安全保障体系。

要依据学生身心发育情况，适度安排劳动强度、时长，切实关注劳动任务及场所设施的适宜性。科学评估劳动实践活动的安全风险，认真排查、清除学生劳动实践中的各种隐患。在场所设施选择、材料选用、工具设备和防护用品使用、活动流程等方面制定安全、科学操作规范，强化劳动过程每个岗位的管理，明确各方责任，防患于未然。制定劳动实践活动风险防控预案，完善应急与事故处理机制。要特别关注劳动过程中的卫生隐患，按照疾控、卫生健康部门及行业有关规定，采取相应措施，切实保护学生的身心健康。鼓励购买劳动教育相关保险。

3. 建立协同实施机制

中小学要推动建立以学校为主导、家庭为基础、社区为依托的协同实施机制，形成共育合力。学校要通过家长会、家长学校、社区宣讲、网络媒体等途径，引导家长树立正确的劳动观；明确家长的劳动教育责任，让家长主动指导和督促孩子完成家庭、社区劳动任务；学校要与相关社会实践基地共同开发并实施劳动教育课程。

职业院校、普通高等学校要建立学校负责规划设计，行业企业社会机构主要负责业务指导，双方共同管理的劳动教育实施机制。通过建立劳模工作室、技能大师工作室，设置荣誉教师、实务导师岗位等，多渠道引入社会力量参与学校劳动教育。要联合社会力量，共建共享稳定的劳动实践基地、校外实习实训基地、各类型创新创业孵化平台，多渠道拓展劳动实践场所。

五、劳动教育条件保障与专业支持

地方教育行政部门要切实加强对劳动教育工作的组织领导，明确机构和人员承担区域推进劳动教育的职责任务，切实加强条件保障、专业支持和督导评估，整体提高大中小学劳动教育质量和水平。

（一）条件建设

1. 丰富和拓展劳动实践场所

地方教育行政部门要统筹规划和配置劳动教育实践资源，满足学校多样化劳动实践需求。充分利用现有综合实践基地、青少年校外活动场所、职业院校和普通高等学校劳动实践场所，建立健全开放共享机制，特别是充分利用职业院校实训实习场所、设施设备，为普通中小学和普通高等学校提供所需要的服务。可安排一批土地、山林、草场等作为学农实践基地，确认一批厂矿企业作为学工实践基地，认定一批城乡社区、福利院、医院、博物馆、科技馆、图书馆等事业单位、社会机构、公共场所作为服务性劳动基地。推动学校充分利用校内学习、生活有关场所，逐步建好配齐劳动技术实践教室、实训基地，丰富劳动教育资源。

2. 加强师资队伍建设

要明确劳动课教师管理要求，保障劳动课教师在绩效考核、职称评聘、

评先评优、专业发展等方面与其他专任教师享受同等待遇。推动中小学、职业院校与普通高等学校建立师资交流共享机制，发挥职业院校教师的专业优势，承担普通学校劳动教育教学任务。建立劳动课教师特聘制度，为学校聘请具有实践经验的社会专业技术人员、劳动模范等担任兼职教师创造条件。

高等学校要加强劳动教育师资培养，有条件的院校开设劳动教育相关专业。把劳动教育纳入教育行政干部、校长、教师、辅导员培训内容，开展全员培训，强化劳动意识、劳动观念，提升劳动教育的自觉性。对承担劳动教育课程的教师进行专项培训，提高劳动育人意识和专业化水平。

3. 健全经费投入机制

各地要统筹中央补助资金和自有财力，多种形式筹措资金，加快建设校内劳动教育场所和校外劳动教育实践基地，加强学校劳动教育设施建设，建立学校劳动教育器材、耗材补充机制。学校可按照规定统筹安排公用经费等资金开展劳动教育，可采取政府购买服务方式，吸引社会力量提供劳动教育服务。

（二）加强专业研究和指导

1. 加强劳动教育研究与指导

在全国教育科学规划、教育部人文社会科学研究项目中支持劳动教育研究。地方教育行政部门鼓励和支持相关机构设立劳动教育研究项目。设立一批试验区或试验学校，注重开展跟踪研究、行动研究。举办论坛讲座，营造良好学术氛围。

各级中小学教研机构要配备劳动教育教研员，组织开展专题教研、区域教研、网络教研，通过协同创新、校际联动、区域推进，提高劳动教育整体实施水平。鼓励高等学校依托有关专业机构开展劳动教育教学研究。

2. 组织开展劳动教育课程资源研发

基于劳动教育教学的实际需要，省级教育行政部门明确中小学劳动实践指导手册编写要求，体现"一纲多本"，满足不同地区学校的多样化需求，负责组织审查。职业院校可组织编写劳动精神、劳模精神、工匠精神专题读本，由编写院校或委托专业机构进行审查。鼓励学校、学术团体、专业机构等收集整理反映劳动先进人物事迹和精神的影视资料，组织研发展示劳动过程、劳动安全要求的数字资源，梳理遴选来自教学一线的典型案例和鲜活经验，形成分学段、分专题的劳动教育课程资源包，促进优质资源的共享与使用。

（三）督导评估与激励

1. 加强对学校劳动教育实施情况的督查

把劳动教育纳入教育督导体系，完善督导办法。对地方各级人民政府和有关部门保障劳动教育情况进行督导。对学校劳动教育开课率、学生劳动实践组织的有序性，教学指导的针对性，保障措施的有效性等进行督查和指导。督导结果要向社会公开，作为衡量区域教育质量和水平的重要指标，作为对被督导部门和学校及其主要负责人考核奖惩的依据。

2. 建立健全劳动教育激励机制

在国家级、省级教学成果奖励中，将劳动教育教学成果纳入评奖范围，对优秀成果予以奖励。依托有关专业组织、教科研机构等开展劳动教育经验交流和成果展示活动，激发广大教师实践创新的潜能和动力。积极协调新闻媒体传播劳动光荣、创造伟大思想，大力宣传劳动教育先进学校、先进个人。

教育部等 11 部门关于推进中小学生研学旅行的意见[①]

各省、自治区、直辖市教育厅（教委）、发展改革委、公安厅（局）、财政厅（局）、交通运输厅（局、委）、文化厅（局）、食品药品监督管理局、旅游委（局）、保监局、团委，新疆生产建设兵团教育局、发展改革委、公安局、财务局、交通局、文化广播电视局、食品药品监督管理局、旅游局、团委，各铁路局：

为贯彻落实党的十八大和十八届三中、四中、五中、六中全会精神，深入学习贯彻习近平总书记系列重要讲话精神，秉承"创新、协调、绿色、开放、共享"的发展理念，落实立德树人根本任务，帮助中小学生了解国情、热爱祖国、开阔眼界、增长知识，着力提高他们的社会责任感、创新精神和实践能力，现就推进中小学生研学旅行提出如下意见。

一、重要意义

中小学生研学旅行是由教育部门和学校有计划地组织安排，通过集体旅行、集中食宿方式开展的研究性学习和旅行体验相结合的校外教育活动，是学校教育和校外教育衔接的创新形式，是教育教学的重要内容，是综合实践育人的有效途径。开展研学旅行，有利于促进学生培育和践行社会主义核心价值观，激发学生对党、对国家、对人民的热爱之情；有利于推动全面实施素质教育，创新人才培养模式，引导学生主动适应社会，促进书本知识和生活经验的深度融合；有利于加快提高人民生活质量，满足学生日益增长的旅游需求，从小培养学生文明旅游意识，养成文明旅游行为习惯。

近年来，各地积极探索开展研学旅行，部分试点地区取得显著成效，在促进学生健康成长和全面发展等方面发挥了重要作用，积累了有益经验。但一些地区在推进研学旅行工作过程中，存在思想认识不到位、协调机制不完善、责任机制不健全、安全保障不规范等问题，制约了研学旅行有效开展。当前，我国已进入全面建成小康社会的决胜阶段，研学旅行正处在大有可为的发展机遇期，各地要把研学旅行摆在更加重要的位置，推动研学旅行健康快速发展。

[①] 教育部官网：《教育部关于推进中小学生研学旅行的意见》，2016 年 12 月 2 日，https://moe.gov.cn/scsite/A06/S3325/201612/t20161219_292354.html。

二、工作目标

以立德树人、培养人才为根本目的，以预防为重、确保安全为基本前提，以深化改革、完善政策为着力点，以统筹协调、整合资源为突破口，因地制宜开展研学旅行。让广大中小学生在研学旅行中感受祖国大好河山，感受中华传统美德，感受革命光荣历史，感受改革开放伟大成就，增强对坚定"四个自信"的理解与认同；同时学会动手动脑，学会生存生活，学会做人做事，促进身心健康、体魄强健、意志坚强，促进形成正确的世界观、人生观、价值观，培养他们成为德智体美全面发展的社会主义建设者和接班人。

开发一批育人效果突出的研学旅行活动课程，建设一批具有良好示范带动作用的研学旅行基地，打造一批具有影响力的研学旅行精品线路，建立一套规范管理、责任清晰、多元筹资、保障安全的研学旅行工作机制，探索形成中小学生广泛参与、活动品质持续提升、组织管理规范有序、基础条件保障有力、安全责任落实到位、文化氛围健康向上的研学旅行发展体系。

三、基本原则

——教育性原则。研学旅行要结合学生身心特点、接受能力和实际需要，注重系统性、知识性、科学性和趣味性，为学生全面发展提供良好成长空间。

——实践性原则。研学旅行要因地制宜，呈现地域特色，引导学生走出校园，在与日常生活不同的环境中拓展视野、丰富知识、了解社会、亲近自然、参与体验。

——安全性原则。研学旅行要坚持安全第一，建立安全保障机制，明确安全保障责任，落实安全保障措施，确保学生安全。

——公益性原则。研学旅行不得开展以营利为目的的经营性创收，对贫困家庭学生要减免费用。

四、主要任务

1. 纳入中小学教育教学计划。各地教育行政部门要加强对中小学开展研学旅行的指导和帮助。各中小学要结合当地实际，把研学旅行纳入学校教育教学计划，与综合实践活动课程统筹考虑，促进研学旅行和学校课程有机融合，要精心设计研学旅行活动课程，做到立意高远、目的明确、活动生动、学习有效，避免"只旅不学"或"只学不旅"现象。学校根据教育教学计划灵活安排研学旅行时间，一般安排在小学四到六年级、初中一到二年级、高中一到二年级，尽量错开旅游高峰期。学校根据学段特点和地域特色，逐步建立小学阶段以乡土乡情为主、初中阶段以县情市情为主、高中阶段以省情

国情为主的研学旅行活动课程体系。

2. 加强研学旅行基地建设。各地教育、文化、旅游、共青团等部门、组织密切合作，根据研学旅行育人目标，结合域情、校情、生情，依托自然和文化遗产资源、红色教育资源和综合实践基地、大型公共设施、知名院校、工矿企业、科研机构等，遴选建设一批安全适宜的中小学生研学旅行基地，探索建立基地的准入标准、退出机制和评价体系；要以基地为重要依托，积极推动资源共享和区域合作，打造一批示范性研学旅行精品线路，逐步形成布局合理、互联互通的研学旅行网络。各基地要将研学旅行作为理想信念教育、爱国主义教育、革命传统教育、国情教育的重要载体，突出祖国大好风光、民族悠久历史、优良革命传统和现代化建设成就，根据小学、初中、高中不同学段的研学旅行目标，有针对性地开发自然类、历史类、地理类、科技类、人文类、体验类等多种类型的活动课程。教育部将建设研学旅行网站，促进基地课程和学校师生间有效对接。

3. 规范研学旅行组织管理。各地教育行政部门和中小学要探索制定中小学生研学旅行工作规程，做到"活动有方案，行前有备案，应急有预案"。学校组织开展研学旅行可采取自行开展或委托开展的形式，提前拟定活动计划并按管理权限报教育行政部门备案，通过家长委员会、致家长的一封信或召开家长会等形式告知家长活动意义、时间安排、出行线路、费用收支、注意事项等信息，加强学生和教师的研学旅行事前培训和事后考核。学校自行开展研学旅行，要根据需要配备一定比例的学校领导、教师和安全员，也可吸收少数家长作为志愿者，负责学生活动管理和安全保障，与家长签订协议书，明确学校、家长、学生的责任权利。学校委托开展研学旅行，要与有资质、信誉好的委托企业或机构签订协议书，明确委托企业或机构承担学生研学旅行安全责任。

4. 健全经费筹措机制。各地可采取多种形式、多种渠道筹措中小学生研学旅行经费，探索建立政府、学校、社会、家庭共同承担的多元化经费筹措机制。交通部门对中小学生研学旅行公路和水路出行严格执行儿童票价优惠政策，铁路部门可根据研学旅行需求，在能力许可范围内积极安排好运力。文化、旅游等部门要对中小学生研学旅行实施减免场馆、景区、景点门票政策，提供优质旅游服务。保险监督管理机构会同教育行政部门推动将研学旅行纳入校方责任险范围，鼓励保险企业开发有针对性的产品，对投保费用实施优惠措施。鼓励通过社会捐赠、公益性活动等形式支持开展研学旅行。

5. 建立安全责任体系。各地要制订科学有效的中小学生研学旅行安全保障方案，探索建立行之有效的安全责任落实、事故处理、责任界定及纠纷处理机制，实施分级备案制度，做到层层落实，责任到人。教育行政部门负责督促学校落实安全责任，审核学校报送的活动方案（含保单信息）和应急预案。学校要做好行前安全教育工作，负责确认出行师生购买意外险，必须投保校方责任险，与家长签订安全责任书，与委托开展研学旅行的企业或机构签订安全责任书，明确各方安全责任。旅游部门负责审核开展研学旅行的企业或机构的准入条件和服务标准。交通部门负责督促有关运输企业检查学生出行的车、船等交通工具。公安、食品药品监管等部门加强对研学旅行涉及的住宿、餐饮等公共经营场所的安全监督，依法查处运送学生车辆的交通违法行为。保险监督管理机构负责指导保险行业提供并优化校方责任险、旅行社责任险等相关产品。

五、组织保障

1. 加强统筹协调。各地要成立由教育部门牵头，发改、公安、财政、交通、文化、食品药品监管、旅游、保监和共青团等相关部门、组织共同参加的中小学生研学旅行工作协调小组，办事机构可设在地方校外教育联席会议办公室，加大对研学旅行工作的统筹规划和管理指导，结合本地实际情况制订相应工作方案，将职责层层分解落实到相关部门和单位，定期检查工作推进情况，加强督查督办，切实将好事办好。

2. 强化督查评价。各地要建立健全中小学生参加研学旅行的评价机制，把中小学组织学生参加研学旅行的情况和成效作为学校综合考评体系的重要内容。学校要在充分尊重个性差异、鼓励多元发展的前提下，对学生参加研学旅行的情况和成效进行科学评价，并将评价结果逐步纳入学生学分管理体系和学生综合素质评价体系。

3. 加强宣传引导。各地要在中小学广泛开展研学旅行实验区和示范校创建工作，充分培育、挖掘和提炼先进典型经验，以点带面，整体推进。教育部将遴选确定部分地区为全国研学旅行实验区，积极宣传研学旅行的典型经验。各地要积极创新宣传内容和形式，向家长宣传研学旅行的重要意义，向学生宣传"读万卷书、行万里路"的重大作用，为研学旅行工作营造良好的社会环境和舆论氛围。

中小学综合实践活动
课程实施指导
（下）

主　编　徐显平　　苟秋香　　王　菲
副主编　郭永昌　　杨广超　　孙　亮

西南交通大学出版社
·成都·

图书在版编目（ＣＩＰ）数据

中小学综合实践活动课程实施指导. 下 / 徐显平，苟秋香，王菲主编. -- 成都：西南交通大学出版社，2023.11

ISBN 978-7-5643-9615-2

Ⅰ. ①中… Ⅱ. ①徐… ②苟… ③王… Ⅲ. ①活动课程 – 中小学 – 教学参考资料 Ⅳ. ①G632.3

中国国家版本馆 CIP 数据核字（2023）第 240140 号

目　录

第一篇

市内国家级研学实践教育资源

申报国家级研学实践教育基地需满足的条件：一是各地各行业现有的属于优秀传统文化、革命传统教育、国情教育、国防科工、自然生态 5 大主题板块之一的优质资源单位。二是具备承接中小学生开展研学实践教育的能力，能够结合单位资源特点，设计开发适合小学、初中、高中不同学段学生，与学校教育内容相衔接的课程和线路；学习目标明确、主题特色鲜明、富有教育功能；有适合中小学生需要的专业讲解人员及课程和线路介绍。三是能够积极配合教育部门工作，对中小学生研学实践教育活动实施门票减免等优惠措施，单位周边交通便利，适宜中小学生前往开展研学实践教育活动，在本地区、本行业有一定示范意义。四是财务管理体制明确，内部保障机制健全，产权清晰，运行良好，日常运转经费来源稳定；注重预算管理、绩效评价，内部控制与财务制度健全，会计基础工作规范，具备项目管理能力。五是近三年来没有受到各级行政管理（执法）机构的处罚。

2018 年，经四川省教育厅推荐，四川省唐家河国家级自然保护区管理处、剑门关旅游开发股份有限公司被教育部命名为"国家级研学实践教育基地"。

四川省唐家河国家级自然保护区管理处

图 1-1　唐家河自然教育中心

一、基地简介

　　唐家河自然保护区 1978 年经国务院批准成立，1986 年晋升为国家级自然保护区，是大熊猫国家公园的重要组成部分。该区近年来积极与全国各中小学校开展各类研学实践教育活动，并取得了良好的社会效应，被列为广元市科普教育基地，2017 年获得"青少年森林自然教育示范基地"称号。在 2018 年，被教育部评为"全国中小学生研学实践教育基地"。2019 年，被四川省人民政府授予"金熊猫奖"，同年 12 月 5 日，被省林草局授予"四川省生态文明教育基地"称号。2020 年，被大熊猫国家公园评为"大熊猫国家公园自然教育基地"，被四川关注森林活动旅行委员会评为"国家青少年自然教育绿色营地试点建设单位"。

二、基地资源

（一）场地接待

保护区研学接待能力突出，瞬时最大承载量 3000 人，日最大承载量 5000 人。区内的川浙科研交流中心可同时容纳 350 人就餐、250 人开会、200 人住宿，2017 年新建唐家河自然教育中心，为到唐家河参加研学实践教育的中小学生提供休憩及住宿服务，每天可接待研学实践人员 54 人。

（二）师资

唐家河研学辅导师资队伍建设完善，一方面有研学导师 20 人，其中省级自然教育导师 5 人；另一方面有区内具有丰富动植物知识和野外监测经验的科研工作者及野外巡护监测人员，导师经验丰富，知识渊博。

（三）教学保障

引进社会力量和专业自然教育机构——北京青野，联合打造唐家河自然教育中心，拓宽自然教育受众，开展自然教育导师培训等，不断提升唐家河自然教育水平。

三、课程建设

（一）课程概述

保护区现有动物 226 科、697 属、1091 种，植物 267 科、999 属、2649 种，是连接岷山山系北部大熊猫种群的重要走廊地带和大熊猫重要的避难所，被专家誉为"大熊猫的乐土""生命家园""天然基因库"和"岷山山系的绿色明珠"。历史遗产景观区内有三国名将邓艾伐蜀遗留下来的写字岩、落衣沟、摩天岭、阴平古道和红四方面军曾经走过的红军桥等历史文化景观，具有一定欣赏和怀古价值。基地利用唐家河公园生态和历史遗迹的资源开展关于生态与自然保护的研学实践主题研学。通过课程内容让学生了解大自然生态的

多样性及可持续性发展的重要性，通过生态保护和生态探究唤起学生对植物、生物的探索兴趣。

（二）特色课程

1. 博物馆探学

通过了解相关知识，知道建立博物馆的意义，规范参观博物馆的行为。让学生能够真正亲近自然，亲近科学，亲近人文，亲历探索创新，激发求知欲望。

2. 两栖爬行动物课

认识两栖爬行动物的构造及特征；介绍使用的器材并熟练掌握使用方法与技巧；学习两栖爬行动物基础知识，如山溪鲵、青蛙等。

3. 古老的植物——蕨类植物

通过对蕨类的外部形态和内部构造的观察，了解其种群分布和繁殖的特点，以及在自然界中的作用。

4. 森林的水循环

通过了解森林里水循环的过程，知道森林的蓄水和净水能力及水循环对整个森林生态系统和人类的意义。

5. 扭角羚课程

通过寻找兽类踪迹，增强学生的探索发现能力，以及思考这些踪迹所带来的生物学上的意义。（生活习性、取食的方式、活动的范围与生态环境的关系等）

6. 昆虫课

通过对昆虫的外部形态及生活方式的观察，了解其基本的分类知识和基本的形态特征，探索昆虫的生活习性和繁殖方式。

7. 社区调查

通过做社区调查，了解当地居民对保护区的态度，了解当地居民的活动对保护区的影响，宣传环保的意识。

8. 社区体验

体验农村生产活动，亲身感受农村生产生活及农作生活的辛苦。

四、活动开展

剑门关旅游开发股份有限公司

图 1-2　广元市剑门关-翠云廊风景区

一、基地简介

　　广元市剑门关-翠云廊风景区是国务院首批公布的国家级风景名胜区、国家自然与文化双遗产、国家 5A 级旅游景区，也是全国一百个红色旅游经典景区之一。剑门关突出雄、险，翠云廊彰显奇、秀。景区集三国文化、蜀道文化、关隘文化、邮驿文化、红色文化于一体，共有观赏景点 300 余个，从古道到古柏、绝壁到奇峰、峡谷到岩洞、云海到松涛，春夏秋冬，四时变幻，美不胜收。

二、基地资源

（一）场地接待

该研学实践活动在剑门关和翠云廊两处场地进行，单日最多可接待师生 5000 人次，入选四川省首批中小学红色教育研学实践基地、首批四川省地学研学旅行实践基地，被授予"市级研学旅行示范基地"荣誉称号。

1. 红军广场/博物馆

为纪念中国工农红军第四方面军于 1935 年 4 月 2 日胜利攻克剑门关，2009年 12 月 22 日，在遗址处建成红星广场，进一步弘扬传承红军精神。广场包括红军攻克剑门关纪念碑、红军攻克剑门关纪念馆、将帅雕塑和石刻标语。目前，该广场已成为全国爱国主义教育基地和 100 个红色旅游景点景区之一。

2. 地质博物馆

该馆采用三维立体模型、动画、矿物化石标本、太空体验舱、磁悬浮地球仪等声、光、电合成现代科技表现手法，直观展现剑门关丹霞地貌地质发展史。

3. 关楼

剑门关因地势险要，地理位置特殊，李白赞叹其"剑阁峥嵘而崔嵬，一夫当关，万夫莫开"。关楼，共三层。顶层匾额"眼底长安"，共有两重意思：一是从地理位置上看，海拔较高，似乎可以放眼看到长安；二是寓意蜀汉政权恢复汉室、直捣长安的决心。两层书写"天下雄关"，道出了剑门关山的特质和内涵。

4. 平襄侯祠

平襄侯祠又称姜维祠，始建于明正德年间，分前后两院，前院塑刘关张坐像，名武圣宫，后院正殿塑姜维坐像，名忠勤祠。平襄侯祠的主题是展现出"但有远志，不在当归"的精神，激励后人忠于国家、忠于人民、艰苦奋斗、矢志不渝。

三、课程建设

（一）课程概述

该研学实践基地依托剑门关景区和翠云廊景区，以"立德树人、培养人才"为根本目的，挖掘场域丰富的历史资源、地学资源、红色资源和文化资源，开发出若干适合中小学生使用的探究式课程、沉浸式课程，让广大中小学生在研学旅行中感受祖国大好河山，感受中华传统美德，感受革命光荣历史，感受改革开放伟大成就，成为全面发展的社会主义建设者和接班人。

（二）特色课程

1. 剑门关课程

（1）经典诵读：

了解伟大诗人李白的经典作品《蜀道难》的创作背景和基本内涵，通过一起朗诵这首经典的作品，感受经典的魅力，感受蜀道的雄伟和壮美。

（2）细雨迷廊：

朗诵陆游的绝句《剑门道中遇微雨》，感受古诗的魅力；参与我国传统活动——猜字谜，感受文化的魅力。通过该课程，对我国的优秀传统文化有更深刻的理解，提升文化自豪感。

（3）沧海桑田：

观看剑门关地质演变的纪录片，了解剑门关的形成过程；观看地质灾害预防的宣传视频，学习地质灾害预防的方法。通过该课程，能够对剑门关有更深刻的认识，学会防灾减灾的方法，形成正确的人地关系思想。

（4）五丁开山：

观看五丁开山的雕塑，了解五丁开山的典故；寻找金牛道的踪迹，探寻古道的奥秘；学习"五丁开山掌"，体会传统文化的魅力。通过该课程，理解道路建设的意义，体会坚持不懈、攻坚克难的意义。

（5）剑门寻宝：

了解文焰轩的历史典故，感受文化的力量；在诗词走廊中寻找经典诗词，感受剑门风韵。通过该课程，感受剑门文化的魅力，体验合作的愉快。

（6）智取剑门关：

完成华容道的体验活动，感受智取剑门关的魅力；领取通关文牒，体验古驿道文化。通过该课程，对三国文化、古道文化有更加深刻的理解，提升学生的团队合作意识和能力。

（7）姜维巡关：

观看表演，感受三国时期姜维驻守剑门关的历史故事，深刻了解中国古代关隘文化。

（8）速传军令：

了解草船借箭的典故，感受古人的智慧；完成速传军令的体验活动，感受团队的默契。通过该课程，对三国文化有更深刻的理解，提升团队合作的意识和默契。

（9）缅怀先烈：

参观血战剑门关遗址，了解红军在剑门关的主要事迹；完成进献花篮、整理挽联等体验活动，缅怀先烈；合唱《歌唱祖国》《没有共产党就没有新中国》。通过该课程，对红军的故事和贡献有更深刻的理解，增强爱国情怀。

（10）英雄本色：

观看剑门关参战红军将士的文物，学习红军的先进事迹；聆听徐向前、王树声等战士的英勇事迹，了解英雄的伟大。通过该课程，能够对红军精神有更加深刻的认识，能够懂得现在的幸福生活来之不易，能够更加努力地学习。

（11）战地救援：

挑战地雷阵，帮助战友脱离险境；学习急救知识，掌握必要的自救、互救技能；参加搭桥渡河的体验活动，增强团队意识。通过该课程，对革命精神有更深刻的认识，提升团队合作意识和能力。

2. 翠云廊课程

（1）皇柏留香：

了解柏树的生长习性和主要价值，在专业教师的指导下为自己或家人做一个可爱的香囊。通过该课程，深度了解柏树的习性和价值，提升动手实践能力。

（2）重绘三国：

了解三国的历史和三国主要人物的性格特点，增强对三国文化和人物的理解；完成彩绘三国人物脸谱的体验活动，提升动手能力。通过该课程，激发学生弘扬民族艺术的感情。

（3）家书抵万金：

学习古驿站的功能和生活，理解古驿站文化；完成家书抵万金的体验活动，感受驿站文化。通过该课程，对驿站文化有更深刻的理解，增强文化自信，同时提升自身的写作能力和表达能力。

（4）蜀道仿古：

系统学习古道的历史和现状，感受古道的价值；了解古柏树的种植历史，体会古柏的魅力。通过该课程，对古蜀道文化有更深刻的理解，能够深刻理解古树与古道的关系和历史意义。

（5）共绘蓝图：

了解蜀道的发展历史和当代价值；完成"我助蜀道申遗"为主题的共绘蓝图的体验活动，为蜀道申遗作出贡献。通过该课程，深刻理解蜀道的历史和价值，增强对中国优秀文化的自豪感，提升学生的团队合作意识和能力。

四、活动开展

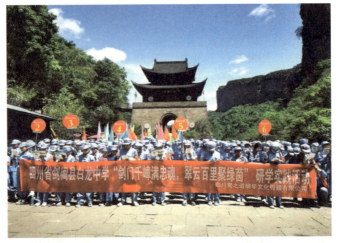

第二篇

市内省级研学实践教育资源

　　为了进一步推动研学实践教育发展，为学生研学实践活动提供更加丰富的学习资源，近几年，四川省文化和旅游厅、四川省教育厅联合开展了省级研学实践教育基地的评选推荐工作，广元市明月峡景区等 4 个单位被命名为"四川省地学类研学实践基地"，旺苍中国红军城等 4 个单位命名为"四川省红色教育研学实践基地"。省级研学实践教育基地课程涵盖了多个领域和学科，包括科学实验、技术应用、历史文化、生态环境、创新创业等多个方面。中小学生积极参加研学活动，通过亲身体验、考察探究、职业体验等方式，充分获得感知，提升了对民族文化的自豪感和自信心，培养了他们的实践能力、创新能力，提升了他们的综合素质。

昭化古城研学实践教育基地

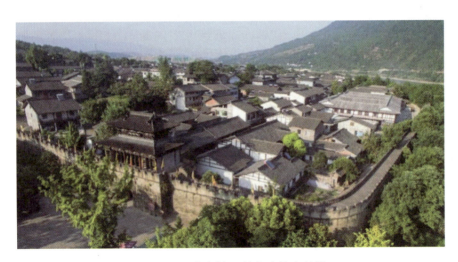

图 2-1　昭化古城研学实践教育基地

一、基地简介

　　昭化古城研学实践教育基地位于四川广元市昭化区昭化镇。已有 4000 余年的历史和 2200 多年连续建县史，是国家重点风景名胜区剑门蜀道风景名胜区，是全国重点文物保护单位剑门蜀道遗址群的重要组成部分，是迄今为止国内保存最为完好的唯一一座三国古城，曾获全国环境优美乡镇、国家历史文化名镇、国家 AAAA 级旅游景区等殊荣，是峨眉电影集团认证的影视拍摄基地。昭化古城景区 2017 年为被评为"广元市首批研学实践教育示范基地"。2021 年 7 月 14 日被世界研学旅游大会授予"世界研学旅游组织合作认证基地"称号。昭化古城秉承安全、教育、实践、公益四大原则，结合广元本地文化特色，遵循"探寻五迹"针对不同学段的中小学生开展课程活动，提升核心素养，培养全面发展的人。

二、基地资源

（一）场地接待

昭化古城在四川广元市昭化区昭化镇，古城景区面积 20 平方千米，总人口 1.7 万人，古城风貌依旧。1992 年被四川省人民政府命名为四川省历史文化名镇，是广大学生开展研学实践和劳动实践的理想之地，古城内文物古迹、民风、古建筑、历史故事等资源为研学实践活动开展提供很好的活动主题，同时硬件设施完善，可供 1000 余人同时展开研学实践教育活动。

（二）师资

基地现有专业指导师 25 名，其中持教师资格证人数 3 名，高级导游 3 名，中级导游 14 名。

（三）教学保障

基地公共信息导向和安全警示标志设置充分、明显。教育教学配套设施完善，布局科学合理，并配置足量的古代军事类和蜀道交通类系列课程相应的教学道具。教具能够满足教育教学需求，保证实践课程的有效实施。

（四）安全保障

昭化古城景区与四川知行合一教育咨询有限公司合作成立研学部。2017 年至今，成功接待市内、省外中小学生共计 10 余万人次。团队接待经验丰富，对突发事件、安全管理有充分的实战经验，实现了"零投诉，零事故"的工作目标。基地设置完善的安全活动预案，对于餐食、人员、防疫、车辆、活动场地、教学教具使用等都有详细的安全标准和说明，有严格的人员责任制度。

三、课程建设

（一）课程概述

昭化古城研学实践教育基地依托深厚蜀汉文化底蕴，以传承中华民族优秀传统文化为主题，设计开发了三国益智游戏课堂、三国人物脸谱制作、书法课堂、造纸课堂、剪纸教学、川北古建筑搭建、钻木取火课堂、民俗课堂、自然教育课堂等一系列独具特色的研学课程。丰富的内容、多样的选择充实着学生研学的每一天。

（二）特色课程

1. 非物质文化遗产体验课程

课程包含川剧（川戏）、雷棚评书、唤马剪纸、麻柳刺绣等众多国家级、省级非物质文化遗产课程的教学，通过课程的参与互动唤起学生对传统文化传承及保护的意识，拉近非遗文化和学生的距离。

2. 两汉三国文化体验课程

将书画三国脸谱、汉服礼仪、古法造纸、三国益智等课程与本地三国文化历史故事相结合，让学生体会古代两汉时期人们的生活习俗特色，别样的课程设置能让学生在课程游戏互动中接受三国文化的熏陶。

3. 自然教育

自然教育融合自然古朴之美，包括石头画、团扇画、植物锤染、植物化石、古建筑搭建等课程设置。通过导师对课程引入、实操步骤的演示，在自由创作的条件下呈现出学生最天马行空的艺术天赋，提升其艺术修养和创作能力。

4. 走读古城

"走读古城"容纳了许多开放式的课程：县衙审案、秀才考试、诵读《千字文》、观赏拓片、练习书法。依托古城内各个历史建筑背景为基础条件开展不同的课程。将课程主题与环境融为一体，穿越过去开始一段追溯历史的奇妙之旅。通过实景剧情还原的学习体验，从多维度认知中国传统文化习俗，培养学生的民族自豪感，树立正确的价值观。

5. 古城商业业态体验课程

结合古城商业生态，开展女皇蒸凉面、非洲手鼓、辜家咖啡、传统茶艺等课程。通过制作、体验、参与、品尝的实践让学生珍惜劳动成果，相互帮助完成挑战，同时，让学生在过程中反思遇到的困难；结合商业出发，开拓学生对于将传统文化、美食与古城建设商业发展结合的新课题。

四、活动开展

四川三会研学实践教育基地

图 2-2　四川三会研学实践教育基地

一、基地简介

　　基地位于苍溪县五龙镇三会园区，距苍溪城区 28 千米，距广元市 70 千米，国道 212 线、广南高速纵贯全境，交通便利。

　　三会村是广元市市级传统村落，充分利用生态自然资源，发展特色农业体验游、新村休闲度假游、龙吟谷生态观光游和脱贫奔康文化游，现已被授予"广元市中小学生研学实践教育基地""四川三会脱贫奔小康乡村振兴现场教学基地""国家乡村旅游人才培训基地"和"四川省选调生实践锻炼苍溪基地"荣誉称号。

基地创办于 2019 年，秉承实践活动育人、文化传统育人、科技创新育人、管理服务育人的理念，遵循"快乐体验、勇于实践、健康成长、奠基未来"的指导思想，大力研发综合实践活动，涵盖德育实践、生存体验、科学探究、专题教育、农业劳动技能体验、素质拓展和军事训练七大领域。

二、基地资源

（一）场地接待

基地占地面积 10 万平方米，农业体验园 2.67 万平方米，能够同时容纳 460 人以上的集体食宿并开展综合实践活动教育。基地现有建筑面积达 24 400 平方米，包括实践综合楼 4500 平方米、办公楼 1400 平方米、学生宿舍区 4200 平方米、带队教师宿舍区 500 平方米、室外训练活动场地 3000 平方米、CS 模拟实战对抗场地 2000 平方米、水上拓展场地 1800 平方米、室内训练活动场地 3000 平方米、餐厅建筑面积 2000 平方米，停车场 2200 平方米。基地开设了 50 多项实践模块，200 多个活动项目。

（二）师资

基地配备劳动教育导师 10 名，生活老师 2 名，主教官 5 名，管理人员 4 名，专业摄像师 1 名。基地大部分员工曾服役于中国人民解放军，拥有丰富的管理组织经验，具备与所从事岗位相适应的专业技术能力和素质，能为劳动教育实践单位提供及时、有效的服务；敬业爱岗，组织性、纪律性、服从性、团队合作能力、执行力和德、智、体、美、劳等综合素质过硬。

（三）教学保障

基地设有专门的研学实践教育部门，根据研学实践和学生年龄、年段特点，设计相对应的课程、教材和实践效果的评估方案，同时按不同年段的学生制定相应的教学课程体系。基地对研学导师、教官及相关工作人员建立一套相对完善的绩效考核制度，并逐步完善优化。基地做好每个学生的活动记录，建立学生参加研学实践活动的学籍管理，活动结束后及时将学生的调查表、反馈表及评价结果报送学生所在学校。每次课程结束后，所有工作人员都会开复盘会议，总结整场活动中出现的问题，以及可以优化的地方，研学教案也会作相应的调整，调整完后将会根据教案，再次组织研学辅导老师去现场走场，争取保证下次研学实践活动高质量地开展。

（四）安全保障

基地配备适合小初高各个年龄段的学生参与的劳动实践活动教室、教具、器材和课程课件，并制定安全使用手册，定期检查教具的安全性。基地室内室外均有摄像头覆盖，公共场所配备指示标识和安全引导标识。基地对于餐食、活动、交通、紧急情况均备有相应的活动安全预案，定期对基地内部工作人员进行安全培训，制定安全责任制度。

三、课程建设

（一）课程概述

让学生了解革命先烈们的英勇事迹，永远铭记先辈们舍生忘死、攻坚克难、不怕牺牲的精神，学习艰苦奋斗的革命意志，传承红色文化，树立正确的世界观、人生观、价值观。

（二）特色课程

1. 五龙特色米豆腐制作

让学生了解五龙特色米豆腐，学会米豆腐的制作；通过自己动手制作米豆腐，认识到劳动人民辛苦制作各种食物的不易，提高学生对家乡和劳动人民的热爱之情。

2. 猕猴桃园松土锄草劳动体验

了解猕猴桃品种（了解苍溪红心猕猴桃）；掌握猕猴桃果园日常管理流程（松土锄草的原因及体验）；了解科学管理对猕猴桃品质的影响。

3. 耕作劳动体验

了解农耕的意义；了解农耕工具及其使用方法；体验时代进步为农耕带来的巨大变化。让学生掌握农耕的技巧；通过研学，提高学生对时代进步给农业带来的改变的认知，感谢党，感恩国家，端正价值观。

4. 夯土建造劳动体验

了解夯土墙历史文化底蕴并动手制作夯土墙；了解 5 种以上苍溪号子由来及学习苍溪号子。了解 5 种以上中国现存的夯土墙古建筑；总结传统夯土墙建筑与现代钢筋结构房屋相比的优势。

5. 抢收小麦、水稻

教导学生动手参与割小麦；让学生了解时代进步带来的改变；让学生亲身体验不同工具的使用方法；让学生掌握割麦的技巧；通过研学，提高学生对时代进步给农业带来的改变的认知，感谢党，感恩国家，端正价值观。

四、活动开展

明月峡研学实践基地

一、基地简介

明月峡景区是国家 AAAA 级旅游景区、省级地质公园、全国重点文物保护单位、全国公路科普教育基地、国家重点风景名胜区剑门蜀道的重要组成部分，有距今约 2300 年的古栈道遗址，是古蜀道（金牛道）咽喉，是中国栈道文化集中展现地和中国蜀道文化、三国蜀汉文化的核心走廊。

二、基地资源

（一）场地接待

明月峡于 2002 年被批准为"四川省科普教育基地"，2019 年被四川省教育厅评选为"四川省研学实践教育基地"。明月峡占地面积 6.1 平方千米，南北长 2.7 千米，可供 1000 余人同时展开研学实践教育活动。

1. 蜀风广场

蜀风广场主要由《后出师表》摩崖石刻、诸葛亮塑像、木牛流马、长亭组成。诸葛亮一生征战，许多故事都与栈道有关。公元 227 年，诸葛亮率兵进驻汉中，经后主刘禅准奏，开始了长达 7 年之久的北伐生涯。

2. 古栈道

古栈道位于朝天明月峡谷，老川陕公路穿峡而过，现仅存少量遗迹，除了石孔以外，很多都是后来修复的。栈道又名阁道，是古代人为满足生活及战争的需要而修建的。古蜀道从成都起步，在经过了险峻的大小剑山之后，到了朝天明月峡处，才遇到了真正的"拦路虎"。凭古代的生产力是无论如何修不出安全的大道来的，但要想到巴蜀，必须开通这条路，于是先民们就在崖壁凿孔架木，修建了栈道。

（二）师资

基地现有专业指导师 25 名，其中持教师资格证人数 3 名，高级导游 3 名，中级导游 14 名。

（三）教学保障

基地公共信息导向和安全警示标志设置充分、明显。教育教学配套设施完善，布局科学合理，并配置足量的古代军事类和蜀道交通类系列课程相应的教学道具，如鸡公车、蜀道上的背篓、蜀道上的扁担、抛石机、弓箭。在此基础上，还配备课程体验所需的手套、防护衣等用品。教具能够满足教育教学需求，保证实践课程的有效实施。

（四）安全保障

基地设置完善的安全活动预案，对于餐食、人员、防疫、车辆、活动场地、教学教具使用等都有详细的安全标准和说明，履行严格的人员责任制度。

三、课程建设

（一）课程概述

广元市明月峡研学实践基地依托广元明月峡核心景区，利用古蜀、三国历史文化资源和当地自然资源开展研学活动。开发了"鸡公车运粮""旗语演示""古蜀道上的背篓""抛石机""射箭"等课程活动让学生充分感受体验先秦、三国时期古蜀人的智慧和军事谋略，结合团队竞赛的对抗模式增强团队荣誉感和责任感，对比先秦时期古蜀道的修建艰辛和现代交通的大力发展给当地经济、文化、人文交流带来的便利，让学生感悟新时代的中国力量，通过研学实践活动的参与让学生树立正确的人生观、价值观，让他们立志长大为祖国的建设作贡献，为中华民族的伟大复兴贡献力量。

（二）特色课程

1. 鸡公车运粮

鸡公车，在 20 世纪 60—70 年代承担农村的主要运输任务，道路的发展使手推独轮车已经退出历史舞台，成为农村运输的"古董"。通过推鸡公车，掌握鸡公车产生和使用的历史背景，了解其成为古人生产力工具的发展史。让学生掌握推鸡公车的技巧，培养吃苦耐劳的精神，感受团结协作的重要性，树立团结友爱观念，提高动手动脑能力。

2. 旗语演示

旗语是古代的一种主要的通讯方式，现在是世界各国海军通用的语言。不同的旗子、不同的旗组表达不同的意思。通过学习，了解旗语在通信发展中的重要作用。在学习旗语的过程中提升学生的逻辑思维能力与动手操作能力，增强学生勇于探究的能力，培养学生对古代通信文化的了解，从而增强学生的人文积淀和人文情怀。

3. 蜀道上的背篓

四川山区道路崎岖狭窄多险，挑担不方便，人们便与背篓结下了不解之缘。背篓，是背在背上运送东西的篓子。有洗衣背篓、儿背篓、柴背篓等。此物方便适用，至今仍然盛行。通过背背篓，了解蜀道上交通工具的发展史。让学生了解背篓承载的文化内涵，掌握背背篓的技巧，通过背篓拓展到四川的背夫、川北地区的"背二哥"文化，让学生了解劳动的艰辛和不易，弘扬中华民族吃苦耐劳的传统优秀品质。

4. 抛石机

抛石机是古代战场中常用的军事工具，在冷兵器时代运用较多。本课程通过学习体验抛石机，了解抛石机的基本原理——杠杆原理、抛石机在历史上的用途，及与其相关的战役，让学生积淀知识，学会学习，培养学生科学探究精神，激发学生对于物理学的兴趣。

5. 射箭

射箭最初用于打猎和战争，也是中国传统六艺之一的"射"。通过射箭学习，了解古代军事武器发展史，了解弓箭的起源与发展过程以及其在中国历史上的重要性；通过学习和实践弓箭的理论和实操，掌握射箭的技巧，培养学生对于中国传统技艺的热爱，同时结合古代冷兵器时代探讨军事谋略的重要性。

6. 挑扁担

四川广元地处秦巴山区，地貌以山地为主，崎岖不平，因土地肥沃、物产富饶、资源富集、风景优美被誉为"天府之国"。勤劳的劳动人民发明了扁担，将丰富的物资运送到各地，走出大山。通过挑扁担，了解蜀道上交通工具的发展。

四、活动开展

广元市皇泽寺-千佛崖博物馆

一、基地简介

皇泽寺是中国历史上唯一的女皇帝武则天的祀庙。寺庙创建于北魏晚期，距今已有1500余年的历史，历经北魏、北周、隋、初唐的不断发展，至盛唐而达鼎盛。公元690年，武则天称帝后，"赐寺刻其真容"故名"皇泽"，寓意"皇恩浩荡、泽及故里"之意，"皇泽寺"自此得名。

皇泽寺西靠乌龙山，东临嘉陵江，坐落在四川广元市城西一千米的嘉陵江西岸。寺内现有二圣殿、武氏家庙、则天殿、大佛楼、明空楼、女皇文化陈列馆等建筑。现存龛窟57龛，摩崖造像1200余尊，主要龛窟有大佛窟、中心柱窟、五佛窟、写心经洞等。其摩崖造像及历代碑刻，对研究四川地区佛教的传播路线、造像题材和风格、人们的宗教信仰都具有十分重要的作用，不仅有极高的文物价值，而且有极高的历史、文化、艺术价值，被专家们誉为中华传统文化的瑰宝。

皇泽寺占地9万余平方米，建筑面积1万余平方米，1961年被国务院公布为第一批全国重点文物保护单位，2004年被文化部命名全国首批文化产业示范基地，2006年评定为国家4A级旅游景区，2009年评定为国家三级博物馆，是"剑门蜀道·女皇故里"的核心载体和重要支撑。

广元千佛崖摩崖造像位于城北4千米，嘉陵江东岸，金牛古蜀道上，历史悠久，雕刻技艺精湛。石窟始凿于北魏晚期，兴盛于唐朝，止于清代，历经千年，从而形成一座佛崖长388米，高45米，造像950余龛，7000余尊的

佛教石刻艺术宝库。佛龛层叠分布，密如蜂巢，是四川规模最为宏伟的石窟群。1961 年被国务院公布为第一批全国重点文物保护单位，是剑门蜀道国家级风景名胜区的重要组成部分，也是世界文化遗产预备名单中国蜀道金牛道——广元段的核心遗产点，2012 年创建为国家 4A 级旅游景区。2008 年"5·12"汶川特大地震后，国家投入大量资金，实施了一系列文物保护工程和环境整治工程，目前千佛崖占地 20 万余平方米，建筑面积 6800 余平方米，环境清幽，一派川北园林风光。

千佛崖摩崖造像历经千年沉淀，以悠久的历史、厚重的文化、精湛的艺术、丰富的人文闻名于世。特别是"安史之乱"后，四川石窟艺术独步称盛，这与千佛崖沟通南北、承前启后的重要作用是紧密相联的。其规模布局、雕凿水平、题材内容、洞窟形制堪与国内其他著名石窟相媲美，是剑门古蜀道上一颗闪亮的明珠。

这两个研学教育基地具有很高的历史、文化、艺术和科研价值，不仅为蜀道文化、武则天历史名人文化、石窟艺术提供了良好的展示场所，也对广元文化旅游的发展产生了积极的影响。通过这个两个基地的展示，可以深入了解石窟艺术及佛教文化的历史和内涵，提高认知和理解，从而更好地传承弘扬中华优秀传统文化。

二、基地资源

（一）场地接待

广元市皇泽寺-千佛崖博物馆占地面积近 30 万平方米，年对外开放 280 天以上，能同时接待 1000 人以上的研学实践活动。基地拥有研学团队接待服务大厅、停车场及列队广场、室内研学教室、室外研学点位等研学功能区，并在停车场和室外教学点位等合理配备卫生间、消防设施设备等，停车场、路口等主要场所均设置有研学导览设施。

（二）师资

基地研学接待量为 500 人/批次，配置与研学活动接待规模相匹配的研学师资比例是 1∶20，配备有经培训合格的研学旅行指导师 14 名。基地研学旅行指导师积极参加相关研学技能比赛。

（三）教学保障

基地设有教室 2 间，分别可容纳 80 人。室内研学场地 7 个，分别可容纳 50 人。室外研学场地 14 个，分别可容纳 50 人。各实践项目相关的教学仪器、工具、设备，均按营地规模和有关标准配备。基地安排有专人对研学设施设备进行运行维护。

（四）安全保障

广元市皇泽寺-千佛崖博物馆拥有完备的安全管理制度、专门的安全管理部门和安保人员。基地出入口设置有门禁系统，能够有效防止研学学生外出或外来人员进入。基地内主要场所均实现全天候、无死角监控，监控影像资料可保存 3 个月以上。所有研学点位均配置有消防栓、灭火器、应急照明灯等应急处置设施设备，并且定期检查、维修。停车场、卫生间、台阶等均设置有安全标识等。

基地配置与研学活动接待规模相匹配的安全人员比例为 1：50，共有具备资质的安全员 2 名。

三、课程建设

（一）课程概述

皇泽寺博物馆"探寻女皇传奇 梦回武周盛唐"研学课程分为：首开武举、龙兴利州、贞观遗风、妙笔生花、手作泥塑、女皇传奇、石碑物语、丝绸之路八项内容。通过体验传统活动，体悟武举竞赛；体验民俗文化，体会民族精神；学习大唐礼仪，感悟大唐神韵；国画传千年，妙笔绘兰花；泥塑女皇金身，重塑女皇风采；重温女皇之路，励志发奋图强；拷贝古迹图文，焕发古迹新生；体验抽丝剥茧，弘扬丝绸文化等实践体验，让中小学生深刻感悟武则天历史名人文化、石窟文化、民俗文化等独特魅力，进一步坚定文化自信。

（二）特色课程

1. 首开武举：体验传统活动，体悟武举竞赛

这个课程名为"弦无虚发"，是一个以体验为主的课程。学生将一起去了解投壶、射箭和武科举的历史，一起参加投壶和射箭的体验活动。希望通过

这个课程，学生能够了解优秀传统文化的发展历史，能够增强对优秀传统文化的理解和认同。

2. 龙兴利州：体验民俗文化，体会民族精神

这里学生要学习的课程为"女儿佳节"，这是一个以体验为主的课程。学生将一起学习广元女儿节的由来和主要文化；一起参加放河灯、游河湾的体验活动。希望通过这个课程，学生能够了解优秀传统文化的发展历史，能够说出女皇对历史的主要贡献，能够从女皇的优良品质中得到启发。

3. 贞观遗风：学习大唐礼仪，感悟大唐神韵

这里学生要学习的课程为"大唐神韵"。学生将回到繁荣的大唐盛世，了解盛世时期那些优秀的文化礼仪。学生将在老师的指导下学习叉手礼、作揖、递名刺等礼仪。通过学习和体验，希望学生能够对优秀传统文化有更深刻的理解和认同，能够理解礼仪对人生发展的重要意义。

4. 妙笔兰花：国画传千年，妙笔绘兰花

这里学生将学习的课程是"妙笔生花"。学生将学习中国兰花的种植历史，了解兰花的相关知识和相关的佛教文化；学生将学习中国国画的历史和方法，并一起用国画绘制兰花。通过该课程，希望学生能够对兰花、国画有更深刻的认识，增强对我国传统文化的自豪感。

5. 手作泥塑：泥塑女皇金身，重塑女皇风采

这里学生将学习的课程是"手作泥塑"。学生将端详女皇的金身塑像，了解女皇的辉煌人生；了解泥塑的发展历史和制作方法；动手用黄泥为女皇重塑金身。通过课程，希望学生能够正确认识女皇的历史地位，了解泥塑的意义，通过泥塑提升自身的实践能力。

6. 女皇传奇：重温女皇之路，励志发奋图强

这里学生将学习的课程为"女皇传奇"。学生将在专业导师的带领下参观博物馆，走进女皇的人生，了解女皇的成长历史，总结女皇克服困难、发奋图强的优秀品质。希望通过课程学习，学生能够从女皇的精神中汲取养分，成就自己的幸福人生。

7. 石碑物语：拷贝古迹图文，焕发古迹新生

这里学生要学习的课程是"朽木生花"。学生将了解拓片是什么，有什么用；在专业老师的指导下亲手完成广政碑的拓片。希望通过该课程的学习，学生能够理解拓片对文化保护和文物传承的意义，成为文物保护的一分子。

8. 丝绸之路：体验抽丝剥茧，弘扬丝绸文化

这里学生要学习的课程是"丝绸之路"。学生将一起观察蚕桑十二事图，走进种桑养蚕的世界，了解我国蚕桑的发展历史；学生在专业老师的指导下学习抽丝剥茧的方法，并动手完成抽丝剥茧的过程。希望通过课程的学习，学生能够理解我国的蚕桑发展对我国和世界发展的意义，体会到劳动的价值和意义。

四、活动开展

旺苍中国红军城研学实践教育基地

一、基地简介

旺苍中国红军城位于旺苍县东河镇，占地约 1.5 平方千米，由旺苍县城老城的文昌街、王庙街、龙潭街 3 条主要街道和木市巷、何家巷 2 条小巷构成。在这"三街两巷"里，现在仍然保存有川陕省委、川陕省苏维埃政府、西北革命军事委员会和红四方面军总指挥部等川陕苏区 40 多个党政军主要领导机关遗址，从而形成全国现存面积最大、保存最好、遗址点最多的红军遗址群之一。被评为国家 4A 级旅游景区、省级历史文化名城、省级文物保护单位、全国第一批经典红色旅游景区、省级爱国主义教育基地和国防教育基地、四川十大红色地标、四川省研学旅行实践基地等。

图 2-3 中国红军城

旺苍曾是川陕苏区后期的政治、经济、军事和文化中心，是红四方面军长征出发的集结地，当时仅有 10 万人口的旺苍，就有 1.2 万人参加了红军。在这片红色土地上，诞生了我军建制最大的第一支妇女武装——红军妇女独立师、最早的水兵建制——红四方面军总指挥部直属水兵连、最大建制的红色童子团——少共国际先锋师。

二、基地资源

（一）场地接待

1. 公众服务场所

红军城基地建有游客中心、会议室、纪红广场、纪红街、步游道、广场长廊等多处公众服务场所。

2. 展出场馆

基地在川陕苏区遗址基础上修复和建设了财神庙（红 31 军军部旧址）、上清宫（西北革命军事委员会旧址、红四方面军总指挥部旧址）、工农剧团、红军剧场、徐向前旧居、旺苍非遗馆 6 处展出场馆。

3. 停车场

基地建有一个大型停车场，内设 186 个车位（可停放大巴）。

4. 医疗、安全保障机构

基地设立管委会进行全面管理，配套了卫生院和警务室等医疗安全保障机构。

5. 周边配套资源及其他

基地安装 110 个摄像头，基本实现全域影像覆盖。基地核心区域占地约 1.5 平方千米，能同时容纳 1000 人开展研学实践教育活动。基地周边 3 千米内有可容纳 2400 人用餐及 1400 人住宿的餐厅及酒店资源。

（二）师资

红军城研学实践教育基地配备有 14 名持证专职研学旅行指导师、7 名专职教官、20 余名兼职研学指导师，另有近 10 名参与红军城研学课程执行的民间

艺人和非遗文化传承人。基地开展活动时，确保学生与研学旅行指导师的比例不低于30∶1，每个课程点位配备的专业课程老师为1～2名。

（三）教学保障

红军城研学实践教育基地红色主题鲜明、公共设施齐全、教育功能突出，红色资源保存完整，革命历史、革命文化、革命事迹等主题突出。在此基础上，红军城基地搭建了完善的研学实践课程体系，配套了适用于大中小各学段的研学实践课程。具备完善的研学场馆、设施和设备，满足不同形式、不同学段研学需求。基地有一支高素质、专业化的师资队伍，具备相关研学背景和教学经验，能够提供优质的研学教育服务和指导。基地建立了完善的研学管理和评估机制，对研学活动进行全程管理和监督，确保研学质量和效果。同时根据研学效果和反馈意见，及时调整计划和方法，不断提升研学质量和水平。

（四）安全保障

基地具有一定规模的固定建筑和展陈场所，道路、通信、水电等基础设施完备，安保、卫生、医疗、停车场、无障碍通道等服务设施健全，定期开展安全应急演练、安全培训。基地与广元市广旅集团签订长期合作协议及《租赁运输责任合同》，保证所使用车辆车况良好，无安全隐患，驾驶员选用具有10年以上驾龄、国家认可从业资格、5年内无责任事故和不良记录的人员。为每次研学活动设置专岗安全员，专门为研学活动制定了详细的"安全应急管理方案"。

三、课程建设

（一）课程概述

红军城基地的研学课程体系以三大板块、四项环节为框架。三大板块是指：革命传统教育、非遗手工传承、素质拓展教育。四项环节指开营闭营、参观学习、互动体验、总结分享。基地课程的总目标是通过参观学习环节，让学生了解中国红军城的革命历史，掌握红军在广元地区开展革命活动发生的重大历史事件、时间节点及所蕴含的历史意义；了解旺苍的地理位置、地形地貌、风土人情及川陕苏区后期总部选址在旺苍的历史根据；研习红军精神的真谛，培养学生对家乡历史的认同及热爱，形成强烈的家国情怀，培养学生对家乡发展的责任意识和担当意识，树立正确的人生目标，做红军精神的传承者、践行者；通过互动体验和总结分享，让学生在本课程设计的体验活动里掌握如标语的制作方法、草鞋的编织方法等技能，同时铭记、体会、运用"智勇坚定、排难创新、团结奋斗、不胜不休"的红军精神，培养团结协作、创新创造的能力。

（二）特色课程

1. 参观课程

以西北革命军事委员会旧址、红四方面军总指挥部旧址、工农剧团等红军遗址及陈列馆为依托，设置了系列小节革命教育课程，特别编辑了更适合学生聆听的讲解内容，以真实历史事件配合穿插历史故事等方式生动有趣地传达旺苍红色文化历史，将陈列馆中重要的历史事件编辑到研学手册题目中，让学生带着问题去聆听学习，更容易激发学生的学习兴趣，使其更深刻地掌握学习内容。

2. 打靶归来

使学生通过学习，熟知我国军事武器发展的历程，认识一部分军事武器的特点及在革命事业中发挥的作用，通过 PK 射击等互动环节的设置，有效提高学生对革命传统教育的兴趣，掌握基本的军事武器常识。

3. 编织草鞋

编织草鞋在多地被列为市级、省级非遗项目，因其使用历史与红军的艰苦岁月密切相连，在那个年代它时时刻刻体现着军民一家亲的深厚情谊，因此我司搭建了颇具规模的草鞋课堂，将老式的传统草鞋扒子搬进红军城，让学生们体验一堂真正的草鞋编织手工课。

4. 奋勇"支"前

该课程是以知识答题牌和人工关卡为阻碍，以旺苍老百姓运送物资支援红军为历史背景设计的以运粮为目的的手推鸡公车的负重 PK 课程。

5. 旺苍棕编

旺苍棕编非遗传承人李宗慧老师现场授课，课程生动有趣，可通过棕榈树叶、树皮的手工编织，创造出各种活灵活现的小动物和精致美观的小物件。

6. 重走长征路

该课程是以红军万里长征中发生重要事件的地址为节点，通过地图的形式将事件地点模拟成关卡，组织学生通过集体协作控制一个模拟红军队伍的球体，通过关卡抵达长征终点为目的的互动体验课程。

7. 红色记忆

以学党史为主题，将部分重要党史通过观影的形式传达给学生，使学生更直观地了解我党发展历程中的重大事件。

四、活动开展

1. 参观课程

2. 打靶归来

3. 红军草鞋

4. 奋勇"支"前

5. 旺苍棕编

6. 重走长征路

7. 红色记忆

第三篇

市级研学实践教育资源

　　根据《广元市中小学生研学旅行实践基地管理办法（试行）》要求，自 2018 年开始，我市先后开展了 3 次研学实践教育基地评选，经单位自愿申报、县区推荐、市级评审，市教育局、市文化广电旅游局联合评选命名了"广元窑研学实践教育基地"等 45 个市级中小学生研学实践教育基地。其中，剑门蜀道、东河口地震遗址国家公园、旺苍米仓山入选全省地质研学路线；剑门关、明月峡入选全省三国文化研学路线；苍溪红军渡、中国红军城入选全省红色文化研学路线。市级研学实践教育基地的创建，进一步提升了实践教育综合实力，在中小学研学实践课程、活动方式等方面得到了强有力的补充，为学校实践教育提供了安全、有序、有效的教育环境和丰富多元的课程资源。

广元窑研学实践教育基地

一、基地简介

广元窑始于唐朝，兴于宋。该旧窑址于1953年修建宝成铁路文物调查时发现，1954年初步发掘并命名为"广元窑"。广元位于南北分界线上，从当前出土的广元窑瓷器特点来看，广元窑的釉色、器型、装饰工艺兼具南北特色，从地理因素与历史变迁来看，广元窑瓷器具有北方瓷器南传的特点，是承接中国南北瓷器过渡的重要产物，在中国陶瓷史及中国文化发展史上有着极其独特的地位。

广元窑出土的瓷器中，汇聚南北各窑口特点，可谓博采众长，自成一家。黑釉瓷中，因独具匠心地施撒黄彩斑而形成的玳瑁纹、虎皮纹以及油滴纹、兔毫纹等烧成难度极大，美学价值和观赏性可与吉州窑、建窑等同类器物媲美。有"雄踞川渝两地之首"的美誉。考古发现的广元窑出土了大量文物，充分彰显了广元窑的历史文化价值，它是蜀道上的一颗璀璨明珠，故宫博物院、三峡博物馆、四川省博物院等收藏有大量广元窑的国家一级文物并常年展出。

该研学实践教育基地有利于加强中国青少年传统文化意识教育，让青少年在研学中增强陶瓷艺术意识，了解广元窑文化，对于推进中国青少年传承和保护传统文化有着极其重要的作用。

二、基地资源

（一）场地接待

离广元市主城区 5 千米，约 15 分钟到达，交通非常便利。环境优美、场地宽敞，占地面积 4 万平方米，劳动场地 3 个，共 3000 平方米，停车场 2 个，最大接待量 800 人/天。

（二）师资

研学师资力量雄厚，导师数量 11 人，均有专业的技术辅导水平，8 个精品特色教育课程体系可供不同年龄段的学生选择适合自己的精品特色教育课程。导师专业涵盖陶瓷艺术、音乐、历史研究、绘画、美术音乐及其他社会学科，知识面宽广。

（三）教学保障

基地拥有全套陶瓷生产设备和学生研习旅行设备，是川北地区最大的陶瓷艺术生产基地。

1. 理念先进

广元窑烧造基地已经形成了一个集陶瓷烧造、文化体验、旅游休闲、康养产业于一体的多功能陶艺村，拥有集产、研、学、游、览于一体的完备陶瓷发展产业链。广元窑陶瓷研究院将龙潭元山独特的自然景观和广元窑文化创新融合，辐射周边区域，连接都市生活与农旅休闲，打造"生产、生活、生态"共融的康养园区，是文旅兴市、产业强市、乡村振兴可持续发展战略的重要补充。

2. 设备齐全

现广元窑烧造基地有科普展板 50 余张，收藏高古瓷器、瓷片 300 余件，产出瓷器精品 30 000 余件。窑炉 2 座，瓷器展示厅 1 座，研学旅行模型、器材、仪器等 300 余件。

3. 展示丰富

基地内设广元窑瓷器展示厅、广元窑科普与展示中心、广元窑体验中心等。该基地将始终坚持服务教学、服务社会科普、服务学生、传承中华优秀传统文化实践不动摇，并把这些观念落实到广元窑科普发展事业中。作为广

元市最大的陶瓷研究中心和烧制中心，该基地充分运用所拥有的传统文化资源和陶瓷工艺宣传实物和图片、图书等，开展各类科普活动，使之成为广元青少年学生欣赏、享受、追求陶瓷艺术的重要窗口和平台。

（四）安全保障

广元窑烧造基地具备标准的软硬服务设施，能够更好地开展研学实践活动。馆内从活动安全、食品安全、交通安全等方面全面提升安全服务标准。

一是形成以法人为组长，各部门负责人、活动管理人员为组员，签订《安全管理责任书》，自上而下负责学生安全活动。

二是聘请安全员，按照《学生活动安全运行管理制度》要求，负责学生行进、活动、生活的安全管理。

三是制定《应急处突预案》，明确发生意外事故的处置办法和流程，以确保及时、正确、冷静、有效地应对突发事件，处置突发事故，将事故风险降至最低。

四是食品卫生安全管理，对食材采供进行严格筛选，并对所有食物留样48小时，严格按照国家对餐厅厨房的相关规定进行管理，对工作人员隔热卫生健康、厨房环境、餐具清洁、消毒等各环节严格要求，每天检查并做好记录。

五是卫生防疫管理，严格执行《馆内清洁卫生防疫制度》，每天保证两次公共区清扫，学生直接接触区域消毒，坚持每月一次防疫药物喷洒工作。

六是医疗救助服务，乡医院正规医疗机构的持证医生全程参与，并同时设置医务室和急救点，及时处置伤员和其他病员。

七是基地全天24小时无死角监控覆盖，水、电、通信、消防、卫生间、停车场等均按国家星级景区要求配套齐全，保证正常运行。

三、课程建设

（一）课程概述

研学课程适合小学二年级至六年级、初中、高中学生，目前师资力量雄厚，导师数量11人，均有专业的技术辅导水平，8个精品特色教育课程体系（广元窑探秘课程、陶瓷原料科普课程、陶瓷文化课程、广元窑知识课程、广元商路文化课程、广元窑体验课程、广元窑瓷塑体验课程、茶瓷融合体验课程），针对不同年龄段的学生进行适合并能理解接受选择适合的精品特色教育课程。了解广元窑的艺术成就，知道广元窑瓷器的组成、发展历程和传承意义，关注陶瓷艺术建设；了解广元窑在中国陶瓷艺术史上承上启下的重要意义，关注祖国历史，树立保护传统文化意识。见证千年窑业的沧桑岁月，守卫家乡传统文化艺术。在学生内心深处开启大国工匠精神，弘扬中华传统文化。

（二）特色课程

开启树艺造型和花木栽种新课程，增强学生爱护自然、保护环境意识。

四、活动开展

百夫长清真饮品股份有限公司研学实践教育基地

一、基地简介

　　四川百夫长清真饮品股份有限公司（后简称为"百夫长饮品公司"）成立于 2010 年 11 月，总占地约 4.87 万平方米。工厂坐落在风景秀美、群山环绕的广元市利州区大石食品工业园，该园区地质条件优越，周边环境无污染，属于国家级食品工业园区。公司建有院士（专家）工作站和企业技术中心，为饮用水、百分百果汁饮料、牛肉面的生产提供研发保证。本基地充分依托自身独特条件，将学科核心素养培养融入其中。

二、基地资源

（一）场地接待

　　百夫长饮品公司设有同心教育馆，用于展示百夫长饮品生产流程和广元工业的发展以及百夫长企业文化的发展的科普展厅等，其中教育展厅、院士工作站、企业技术中心、生产场间，以及其他工业研学活动空间近 30 000 平方米，可同时容纳 500 人参加研学实践活动。其他可以利用的活动资源空间有同心学院。同心学院中设有学员讨论阅览室、非公企业党建孵化站、创客空间、多媒体教室和教师办公室 5 个功能性复合活动空间。针对开展研学实践教育活动的场所执行减免优惠措施。

（二）师资

为了更好地推动研学旅游工作，公司设立研学项目小组，负责研学项目小组的日常工作，统筹协调研学的各项工作，同时负责安排研学过程中的安全教育和防控工作，以及协调团队事故处理和生活保险、救援等工作。为此，设置研学实践管理负责人 3 名，导游 20 人，专职研学实践辅导员 5 名。

（三）教学保障

本研学基地设施设备完善，配套有综合科普教学楼、医疗救护站、党群服务中心和研学实践活动中心。根据不同学龄段的学生开设不同的研学实践课程，根据相应的课程配备对应的研学课件、教具、系统化的活动评价体系标准并设置专业持证的研学导师进行系统的活动授课，保证研学活动顺利实施。

（四）安全保障

基地工作人员包括基地导师、安全员、医护人员、后勤工作人员等。基地应该有与接待课程活动相匹配、能提供各项配套服务的专业服务人员。基地建立了有效的晚间安全、食品应急预案和管理机制。

三、课程建设

（一）课程概述

课程开发以"注重立德、强化实践、引导创新"为指导思想，引导学生深入了解和践行社会主义核心价值观，树立新时代正确的劳动价值观。特研发开设学校、教师、学生、家庭共同参与的"饮用水 pH 值（酸碱度）检测""简易净水器制作（水过滤装置）""叉车码垛职业体验""拉面制作""智慧工厂参观""饮用水知识学习""DIY 自动饮水机制作"等综合实践课程，持续广泛开展中小学生综合实践及劳动教育活动。

（二）特色课程

1. 拉面制作

了解兰州拉面的历史背景与形成原因，拓展面食文化对中国各地区人民的影响，了解各地区人民因为不同的地域特点、风土人情、文化背景形成本地特色的面食文化。培养学生对饮食文化的热爱，树立劳动观念，提升劳动技能和对劳动价值的认知，增强环保意识，同时增强学生的团队协作能力。

2. 码垛、叉车职业体验

随着我国进入新的发展阶段，产业升级和经济结构调整不断加快，各行各业对技术技能人才的需求越来越紧迫，职业教育的重要地位和作用越来越突显。根据《国家职业教育改革实施方案》要求，特开设本课程，以达到对中学生劳动和职业启蒙教育的目的。通过教师的指导、讲解演示，学生进行分组分工合作。通过小组竞赛和协作的方式完成一堂体验课程，增强学生对于现代化工厂智能化设备的认识，让学生展开对人类社会有帮助的命题的探究，为他们未来的职业规划指明一个方向。

3. 简易净水器制作（水过滤装置）

水质过滤是一项具有实际价值的劳动技能，既可以让学生从中学习到科学知识，还可以将其运用到日常生活中，为家人的健康生活作出一点贡献。本课程可以让学生学会制作简易净水器，并在制作过程中，认识及学会运用各种过滤材料，了解其原理，以此增强同学之间的团队协作精神，提升学生动脑及动手的能力。同时，本课程注重发展学生的生产劳动体验，为学生未来进入生产技术行业做好充分准备。

4. 饮用水 pH 值（酸碱度）检测

饮用什么样的水对人们身体更有益？市面上很多饮料被大多数青少年所喜爱，但长期大量饮用却对人体健康有极大的伤害。课程通过实验检测，让学生了解各种水质的 pH 值，让学生知道只有健康饮水，才能拥有健康的身体。同时，让学生了解酸碱度的概念，并学习掌握 pH 测量试纸、滴管、量杯等测量工具的使用，让学生在学习、实验的过程中学会小组分工、小组讨论共同完成实验。

5. DIY 自动饮水机制作

地球上的大部分资源都是有限的，部分资源还是不可再生的资源。故而，怎样才能更好地节约使用有限资源并有效地变废弃资源为有效资源是一个长期的课题。本课程的开设旨在培养学生学习合理有效地使用有限资源，并将废弃资源再利用，成功变废为宝。本课程的学习内容是让学生学会制作 DIY 自动饮水饮用机，并在制作过程中，认识及学会运用各种材料，了解其原理，以此增强其环保意识及团队协作精神，提升他们动脑及动手的能力。

6. 饮用水知识学习

水是生命之源，健康饮水受到众人向往。而随着经济发展逐步提速，以及国民对饮水安全和健康的重视程度升级，我国的饮用水行业走向了市场化的快车道。因此，深入学习、了解饮用水的知识，并掌握一些生活中的节水小知识，是十分必要的。本课程帮助学生了解饮用水的概念，让其知道常见的饮用水种类，并通过了解饮用水的安全知识，知道如何健康饮水。同时，本课程也会介绍百夫长饮用水水源产地、水质保护等情况。

四、活动开展

柏林古镇研学实践教育基地

图 3-1　柏林古镇研学实践教育基地

一、基地简介

柏林古镇位于广元市昭化区柏林沟，距离广元 50 千米，交通便利，是国家 AAAA 级旅游景区，距今已有 1900 年的历史，远在西汉成帝时就已经有村落，是古蜀道分支利阆古道上的重要节点。古镇至今古风犹存，古建民居保存完好，堪称残留在世的川北民居之"标本"。2020 年 4 月被命名为广元市中小学生研学实践教育基地。通过在基地研学实践，学生参与研学课程，认识大自然，热爱大自然，知晓维护生态平衡的重要性，学习传统文化，自己

动手制作传统手工艺品，学会生活、学会劳动、学会审美、学会创造，从而达到磨炼意志、培养才干、提高综合素质的目的。

二、基地资源

（一）场地接待

柏林古镇以湿地文化和爱情文化为主题，古迹众多，文化底蕴厚重，多处文物古迹被批准为国家、省市级文物保护单位，被称为天然的"基因博物馆"。同时该古镇还建立"追寻红军足迹·探秘古镇湿地"为主题的研学实践教育课程体系，形式多样，内容丰富，针对不同学段的中小学生开展课程活动，提升其核心素养，培养全面发展的人。自2020年研学开放至今，累计接待学生人数5000余人，可供500余人同时开展研学实践教育活动。

（二）师资

基地现有专业指导师25名，其中持教师资格证教师3名，高级导游3名，中级导游14名。

（三）教学保障

本研学基地设施设备完善，根据不同学龄段的学生开设不同的研学实践课程，根据相应的课程配备对应的研学课件、教具、系统化的活动评价体系标准并设置专业持证的研学导师进行系统的活动授课，保证研学活动顺利实施。

（四）安全保障

基地设置完善的安全活动预案，对于餐食、人员、防疫、车辆、活动场地、教学教具使用等都有详细的安全标准和说明及严格的人员责任制度。

三、课程建设

（一）课程概述

课程开发以"注重立德、强化实践、引导创新"为指导思想，引导学生深入了解和践行社会主义核心价值观，树立新时代正确的劳动价值观。特研发开设学校、教师、学生、家庭共同参与的"湿地保护""古镇民俗""红色国防"等综合实践课程，持续广泛开展中小学生综合实践及劳动教育活动。

（二）特色课程

1. 湿地保护

研学导师讲解被誉为地球之肺的湿地，带领学生探寻湿地循环的生态系统，了解湿地的植物植被，学习制作植物拓片、植物粘贴画、叶脉书签、琥珀化石、土壤分层瓶等技术，学习污水处理方法。通过这些课程活动让学生了解生态湿地保护的重要性，让学生进行关于自然和谐的公众议题的讨论。

2. 古镇民俗

学习金钱棍的民俗技艺、体验金钱棍曲艺的表演形式；结合古镇当地古建筑风貌，通过观察学习制作古镇泥塑，锻炼学生的观察、动手能力。探究榫卯结构给中国古代建筑和文化带来的影响，学习榫卯拼接（木工房），加强学生对传统民俗文化的保护和传承意识。

3. 红色国防

川北广元曾经是革命老区，留下众多的红色印记，传承和弘扬红色文化有利于每个中小学生汲取其中的爱国信息和家国情怀，通过《十送红军》情景演绎、书写红军标语等活动让学生了解当年那段峥嵘岁月，体会现在幸福生活的来之不易。

四、活动开展

苍溪药博园研学实践教育基地

图 3-2　苍溪药博园研学实践教育基地

一、基地简介

　　药博园位于苍溪县城南 3 千米处老鸱山，是一所集教育、科研、休闲、体验、生产于一体的城市近郊中医药康养公园。2019 年 4 月被评定为"第二批广元市中小学生研学实践教育基地"。园区自然环境优美，设施配套齐全，安全规范，良好的管理及服务多次赢得研学活动师生和社会各界的好评。

二、基地资源

（一）场地接待

药博园占地面积 80 万平方米，其中专门用于劳动教育活动的土地 5 万平方米，教学楼两幢，可用于室内教学的教室 9 间，能满足 500 人同时在室内进行课堂教学。已规模种植有 70 余种道地中药材，学生参观学习区域 6 万余平方米，园区内配有大型停车场两个，小型停车场四个，有四季青和六合人家两个酒店，餐饮住宿功能齐全，可同时容纳 800 人就餐、400 人住宿，全园区室外监控全覆盖，消防设备设施齐全，配套设施如厕所、垃圾桶等数量充足，药博园所有建筑及设施安全规范。已接待研学实践活动 70 余次，2023 年 3 至 6 月圆满接待了广元营地输入研学 13 次，累计接待中小学生研学实践 2 万余人次。园区自然环境优美，设施配套齐全，良好的管理及服务多次赢得研学活动师生和社会各界的好评。

（二）师资

为保证劳动教学课堂质量，确保课程安全有效进行，我们聘请专业农技师作技术指导，请中药专家医生作专业指导，配备专职研学导师保证劳动教育课程的有效开展。每次研学活动配备 1 名教官，1 名计调，1 名医务人员，1 名农技师，2 名安全巡查人员，每 50 名学生配备 1 名专职研学导师，保证研学活动正常有序开展。目前基地有专业技术人员 3 名，全职导师 15 名，安全巡查人员 4 名，兼职导师 10 名，所有导师均经过培训上岗，符合研学导师要求。为提高教学质量，将定时对导师进行培训，对课程进行更新。

（三）教学保障

基地内设施完善，规划合理。配有大型巴士停车场以满足日常校园研学活动接待。标准化的卫生间，每日定期进行清洁消杀。园区内各场馆道路均明确设置安全警示牌和指示牌及摄像头监控全覆盖。为保证教学活动的正常开展，每节课程均配与之相应的课程教具、教案。基地内餐饮人员均持证上岗，证照齐全。消防和应急措施均达到国家标准。设有独立应急医疗室且医疗人员均有医疗相关证书。硬件和软件条件的完善为课程正常开展保驾护航。

（四）安全保障

基地建立安全责任管理制度，落实到人，保证学生教学、实践、生活、出行、食宿的安全。基地制定了完善的安全预案和应急措施，符合劳动场所安全基本要求。基地与学校、导师签订劳动教育安全责任书，配备专门安保人员，定时组织安全教育培训和应对突发事件安全演练。基地各项消防设施设备齐全，标识醒目，验收手续合格有效。劳动工具操作说明安全规范，要求具体明确。

三、课程建设

（一）课程概述

根据园区实际情况，结合中医药课程特色，我们将课程分为国粹研学、生产劳动、生活劳动三个板块，按照大中小学生的学习特点针对性地设计课程学案，旨在让学生学有所获，学有所得，学有所趣，学有所乐。

（二）特色课程

1. 中医药文化

中医承载着中国古代人民同疾病作斗争的经验和理论知识。了解中药的起源及药性、中药的毒性、中医诊法与施诊，有利于促进学生初步了解本国传统医学体系的发展过程。

2. 中国古代医学经典

中医药典籍是古代中华民族对于中医药医疗知识的整合，是中华人民智慧的结晶。此课程通过对古代医学典籍的学习让学生从感情、心理、科学等维度上对我国的医学成就有更高的认识，增强民族自信，同时也开启学生对医学知识的初步探索。

3. 中药炮制

通过本堂课程，学生了解各种中草药的药性，认识各种中药炮制工具和使用方法，在动手实践中学习中药文化，传承中药文化，培养学生认真负责、耐心仔细的品质，增强协作意识，树立卫生、安全的意识。

4. 中药茶饮的制作

中药和茶叶都是中国 2 年多年以来的智慧结晶，茶叶最早也是作为药物使用的。将茶和药结合制作出口感适宜且具有一定治疗效果的饮品，让学生了解茶及药茶的起源和作用，学习茶的礼仪文化，品尝药茶，感受传统饮品的养生哲学，树立健康的生活观念。

5. 紫草驱蚊膏制作

紫草驱蚊药膏有清凉解毒的功效，涂在身上清爽凉快，在被蚊虫叮咬的伤口处涂上紫草膏也能起到止痒的作用。本课程通过对紫草的药理知识的学习，让学生亲手参与，制作自己的紫草驱蚊膏。

6. 川贝枇杷膏的制作

川贝作为川字号的招牌中药材之一，受到国内外的推崇，更是四川人家喻户晓的"中药明星"，通过对川贝药物知识的了解，让学生在制作过程中体验学习，自己做出家庭必备的良药。

7. 益智健脑药膳

药膳是中国传统的医学知识与烹调经验相结合的产物。它"寓医于食"，既将药物作为食物，又将食物赋以药用，药借食力，食助药威，二者相辅相成，相得益彰。本课程让学生了解药膳的发展史及特色，利用中药与食材结合制作并品尝药膳。

四、活动开展

桃博园研学实践基地

图 3-3　桃博园研学实践基地

一、基地简介

　　桃博园研学实践基地 2019 年入选广元市第二批中小学研学实践教育基地，2020 年成功入选四川省成都市首批研学实践系列标准试点单位，2021 年入选广元市首批劳动教育基地。结合广元本地文化特色，遵循"探寻五迹"中的"探寻自然奇迹，感受奇特自然风光和生物多样性；探寻科技发展轨迹，感受科技进步和人民创造精神；探寻川北文化印迹，感受民俗传统文化魅力"来设计课程项目。

二、基地资源

（一）场地接待

桃博园研学实践基地位于广元市昭化区昭化镇柏杨村，距离广元50千米，占地2000亩，可供1000余人同时展开研学实践教育活动，是国家AAA级旅游景区，美丽田园十乡百景，设有摄影创作基地、户外拓展基地。2020年，桃博园被四川省旅游学会标准委员会评为"首批四川研学实践系列标准全域研学试点基（营）地"。

（二）师资

由公司总经理出任组长（1人），研学部经理出任副组长（1人），研学导师8人，整个团队10人，均持证上岗。

（三）教学保障

本基地配有完善的课程体系及设施设备，根据学生的不同年龄段开展相应的课程内容，教学硬件软件设施完备，并且定期对研学导师和基地其他工作人员展开教学质量、安全保障等培训。

（四）安全保障

基地按照AAA景区标准打造，具备标准的软硬服务设施。基地内安装有高清摄像头对主要通道口、景点、广场等实行24小时监控；整个基地4G信号全覆盖，保障应急通信；基地建有大型停车场4个，足够保障车辆停靠，并在劳动教育活动期间，安排专人负责指挥车辆调度。基地内水、电、通信、消防、卫生间等公共设施配套齐全，保证正常使用。

基地公共信息导向标识健全，有安全逃生通道，有相关的概貌地图，在重要场所有安全的警示标志。基地离原朝阳乡卫生所仅5千米，车程10分钟，能处理一般伤害事故。

三、课程建设

（一）课程概述

基地建立"回归世外桃源·传承工匠精神"为主题的研学实践教育课程体系，形式多样，内容丰富，针对不同学段的中小学生开展课程活动，提升核心素养，让学生全面发展。通过在基地劳动实践，学生参加劳动锻炼，认识农作物生长规律，学习桃树的养殖与培育，学习传统文化和民俗技艺，体验传统美食制作。通过研学实践学习，结合实际操作让学生懂得现代养殖技术给农业带来的优势，通过自己双手创造出来的美食感悟劳动果实的来之不易，让学生认识到在任何时候团队的力量都是巨大的。

（二）特色课程

1. 桃树管理

通过桃树种植养护的知识科普，培养学生科学探究精神，让学生掌握桃树管理的意义。掌握修枝、抹芽、疏果、施肥、病虫害防治、水肥管理、整枝修剪的技巧。乐善乐学，增强学生学习兴趣；让学生感受团结协作的重要性，树立团结友爱观念，提高动手动脑能力。

2. 桃核工艺

桃核工艺是一种历史悠久的传统工艺。时下，在桃博园地区，种植着大片不同品种的桃树，果实成熟后会产生大量的桃核，把桃核制作成手链，可以传承传统手工艺，提升学生的艺术修养和人文情怀。本课程带领学生掌握桃核的选择要求，学会桃核手链制作的方法及技巧；了解桃核工艺发展历史，认识制作桃核手链所需的材料及工具，增强学生对传统手工艺术的热爱，提升学生的艺术修养。

3. 桃木书签

书签画面随意，取材广泛。桃博园地区种植着大量桃树，刚好利用这些桃枝制作成桃木书签。学习书签在中国历史中的形成和演变，让学生了解桃木书签的制作过程，掌握桃木书签制作的技术方法，以此锻炼学生的动手能力。探究传统民俗技艺对生活的影响，以及对于传统文化民俗技艺的保护与传承。

4. 竹编

竹编作为中国最有代表性的非物质文化遗产之一，随着时代的发展慢慢淡出了普通家庭的视野，实训学生对竹编相对陌生。本课程通过学习竹编文化，让学生感受到竹编艺术的魅力，让传统技艺也能有新的突破。学生通过竹编学习，掌握编制方法和技巧，旨在传承好非物质文化遗产。

5. 草编

草编就地取材，可以编成各种生活用品。既经济实用，又美观大方。目前，桃博园也依然传承着这门手艺。通过研学指导教师讲解，掌握草编所需要的工具；认真学会草编的编制手法；按照研学指导教师的要求，制作出融合自己创作理念的草编艺术品。探究传统手工制品在当代生活中应该怎样革新、怎样融入新的创意才能够进入普通百姓的生活当中。

6. 打夯

通过研学指导教师讲解，掌握打夯所需要的工具；学会打夯技术；让学生了解打夯技术的发展进程及其对传统古代房屋结构的作用。

7. 推石磨，点豆花

石磨作为中国传统农家制作豆花的工具，如今已经淡出人们的视野。让学生了解传统豆花的制作过程，掌握黄豆泡发程度，学习推磨技巧、点豆花技巧。

8. 快板

快板是一种传统说唱艺术，属于中国曲艺韵诵类曲种。通过研学指导教师讲解，让学生掌握快板的发展历史，认识快板工具；了解打快板的手法特点；按照研学指导教师的要求，完成一段表演。

9. 桃胶

桃花泪，就是桃胶，它是桃树的树皮分泌出来的红褐色或黄褐色胶状物质。桃博园种植着上千株桃树，因此也是桃胶的重要产地。学生通过采摘桃胶，制作桃胶银耳，掌握制作方法和技巧，旨在学习传统美食制作。

四、活动开展

苍溪县秀艺毯业研学实践教育基地

图 3-4　苍溪县秀艺毯业研学实践教育基地

一、基地简介

　　苍溪县秀艺毯业研学实践教育基地地处苍溪县城近郊，距县城 5 千米，四面环山，山清水秀，人杰地灵，红色文化众多，风格独特。紧邻 5A 级景区梨文化博览园、梨仙湖湿地公园，交通便利，通信网络全面覆盖。基地占地面积 30 亩，建筑面积达 10 000 平方米，现有员工 60 人，年可接待研学体验学生 80 000 人次左右。公司始终坚持"创新发展，服务至上"的经营理念，主要集丝毯产品研发、创意设计、非遗传承、旅游观光、休闲购物、游客体验、研学实践、餐饮、住宿、会议接待于一体，兼具综合性、生产性、服务性、体验性、休闲性功能。公司拥有一批高素质、专业化的服务团队，紧邻回水卫生医院，医疗条件成熟，是旅游、商务会议、拓展培训、研学实践的佳选之地。苍溪县秀艺毯业有限公司于 2020 年被评为"第二批广元市中小学生研学实践教育示范基地"。

二、基地资源

（一）场地接待

基地现设有丝毯产品参观展览大厅、编织体验车间、植物染色体验厅、戳针绣体验厅、剪纸体验室、织布体验室、泥塑体验室、礼仪培训大厅、户外劳动体验基地 9 个教学体验劳动场所。室外活动场所约 20 000 平方米，真丝挂毯主题酒店约 6000 平方米，可同时接待 1000 人研学和用餐，基地附属配套设施一应俱全。

（二）师资

基地成立了专门的研学劳动部，聘请学校具有专业知识能力的教师授课，师资力量充足，基本能保证 50 名学生配备 1 名教师或导师。保障制度完善，截至 2024 年已接待来自省内外研学教育学生 30 000 余人次，得到学生和老师们的肯定，满意度较高，能满足学生劳动教育体验，真正达到研学和劳动教育的目的。

（三）教学保障

秀艺毯业研学实践教育基地制订标准的研学实践教学计划，每位教师根据不同的课程做好相应的备课准备。同时成立课程项目小组，对课程内容有严格的考评制度。每节课程备有相应的课程教具，由导师讲解使用方式，并设置安全应急预案。

（四）安全保障

基地配备适合小初高各个年龄段的学生参与的劳动实践活动教室、教具、器材和课程课件，并制定安全使用手册，定期检查教具的安全性。基地室内

室外均有摄像头覆盖，公共场所配备指示标识和安全引导标识。基地对于餐食、活动、交通、紧急情况均备有相应的活动安全预案，定期对基地内部工作人员进行安全培训。制定安全责任制度。

三、课程建设

（一）课程概述

基地以培养学生的创新精神和实践能力为目标，将知识教育、体力发展和实际生产劳动相结合，根据企业自有资源，围绕优秀传统文化开设植物染色、戳针绣、织布、地毯编织、剪纸、礼仪培训、农学育苗、图案设计、泥塑 9 项特色劳动体验课程。每项课程以图文、视频、教师现场讲解，实际手把手教学实操达到教学目的。聘请回水卫生院医生坐诊，配备专门的急救药箱，紧邻回水卫生院不到 100 米。

（二）特色课程

1. 植物染色

初步了解染色的概念及作用，让学生知道一些常见的染色步骤及方法。通过教学培养学生对大自然的向往和学科学、用科学的兴趣。

2. 戳针绣

通过学习戳针绣，使学生初步了解我国民族工艺的相关知识；在手工制作过程中培养学生坚定的意志和持之以恒的决心，在体验过程中激发学生的创造性、艺术性；培养学生在生活中创造美的热情，让学生认识和了解我国的传统手工文化。

3. 织布

了解织布机的结构，让学生掌握织布机的工作原理，让学生自己动手织布，锻炼学生学会使用简单机械完成实验的能力，提升学生的观察力和思维分析能力。

4. 地毯编织

通过学习和体验，让学生认知传统文化，了解省级非遗，传承非遗手工技艺；指导学生通过学习编织的方法，尝试编织不同的图案样式，以达到思维的创新；欣赏、感受图形的变化和组合、重复的色彩之美，体验编织美术制作的乐趣，培养学生丰富的想象力和浓厚的学习兴趣。

5. 剪纸体验课

了解中国剪纸的历史文化，了解相关的民俗文化知识，培养民族自豪感和热爱家乡的情感；了解剪纸的相关知识，认识一定的剪纸语言和表现手法；掌握一定的剪纸技法；培养学习兴趣，受到美的熏陶和感染，提升审美、观察、动手等综合能力，磨炼学生的意志；发展学生的个性，拓展其创新能力。

6. 图案设计体验

经历运用平移、旋转或轴对称的变换方法进行图案设计的过程，能运用图形的变换在方格纸上设计图案。结合图案设计的过程，进一步体会平移、旋转和轴对称在设计图案中的作用，体验图形的变换过程，发展空间观念。结合欣赏和设计美丽的图案，感受图形世界的神奇。

四、活动开展

第四篇

市级劳动实践教育资源

为深入贯彻《中共中央 国务院关于全面加强新时代大中小学劳动教育的意见》《教育部关于印发〈大中小学劳动教育指导纲要（试行）〉的通知》（教材〔2020〕4号）和《四川省教育厅关于印发〈全面加强新时代大中小学劳动教育实施方案〉的通知》（川教〔2021〕32号）精神，加快构建我市德智体美劳全面育人体系，充分发挥劳动教育的育人作用，广元市教育局积极开展市级劳动实践教育基地创建工作。2020年来，先后评选命名了24个市级劳动教育基地，类别涵盖生活劳动、生产劳动、服务性劳动等3大领域，旨在为全市学生开展丰富多彩的劳动教育活动搭建平台，帮助学生树立劳动最光荣、劳动最崇高、劳动最美丽观念，培养学生勤俭、奋斗、创新、奉献的劳动精神。

复梦园劳动实践教育基地

图 4-1 复梦园劳动实践教育基地

一、基地简介

复梦园劳动实践教育基地成立于 2017 年，是一家集花卉、有机蔬菜、水果种植与研发，打造康养、休闲、旅游目的地，文化科技教育等多功能于一体的综合性公司。公司相继被利州区委宣传部授予"广元市利州区爱国主义教育基地"，被市科协、市农业农村局、市林业局授予"广元市农业科普示范基地""广元市利州区有机农业示范基地"，被市科协授予"院士（专家）工作站孵化单位"。公司经营范围有农作物、花卉苗木、中药材种植、农业科技研发、旅游资源开发、农业观光服务、餐饮住宿服务、停车场服务等。公司营运的项目有：有机蔬菜、水果种植各 6.6 万平方米，冷链物流 100 吨冷库及

1 吨烘干房，1000 人次/天大中小学生劳动实践场地，爱国主义教育基地等。

二、基地资源

（一）场地接待

基地坐落于广元市利州区龙潭乡凤凰村一组，基地一期面积约 280 亩，处于利州区旅游环线上，交通四通八达，距离广元主城区约 8 千米，医疗购物极为方便。基地每天都会安排专业的环卫工人定时打扫基地内的卫生，及时清理垃圾，给劳动实践教育学生提供一个舒适的学习环境。基地位于龙潭乡制高点，四面环山。环境空气质量符合 GB3095—2012 标准，声环境质量符合 GB3096—2008 标准，且每项指标都超过上述标准。基地内设有电视、电子屏等设备，当有劳动实践教育团体在基地内开展活动时，基地会及时向劳动实践教育团体提供雨雪、雷电、紫外线指数以及灾害性天气预警等气象服务，避免造成人员伤亡和财产损失，保障安全。本基地严格贯彻落实"安全第一，预防为主"的安全工作方针，切实保障广大师生劳动实践教育活动的安全。

（二）师资

基地配备劳动教育指导师 11 名，心脏急救教师 2 名，生活老师 10 名，主教官 6 名，管理人员 2 名，专业摄像师 2 名，均具有大专及以上学历。基地员工拥有丰富的管理组织经验，具备与所从事岗位相适应的专业技术和素质，能为劳动教育实践单位提供及时、有效的服务；敬业爱岗，组织性、纪律性、服从性、团队合作能力、执行力和德、智、体、美、劳等综合素质过硬。

（三）教学保障

本研学基地设施设备完善，根据不同学龄段的学生开设不同的研学实践课程，根据相应的课程配备对应的研学课件、教具、系统化的活动评价体系标准，设置专业持证的研学导师进行系统的活动授课，且对研学导师进行定期培训，课程结束后对教师有相应考核评价，以保证研学活动顺利实施。

（四）安全保障

复梦园劳动实践教育基地设施设备齐全，公共场所有明显的路标和安全引导告示牌。整个基地摄像头监控实现全网覆盖。室内场所均有安全出口指示牌、安全消防用品且定期举行消防演习。卫生间、厨房配有紫外线杀菌灯。基地建有森林防火水源。根据不同的情况备有各种安全应急预案。基地食堂工作人员持证上岗，且设有专门的食品卫生管理制度，以保证餐食安全。

三、课程建设

（一）课程概述

基地通过公众号、劳动教育实践活动渗透文学艺术感染、与学校合作等途径，进行长期不懈、形式多样、生动活泼、有组织有计划的教育，将劳动实践教育融入日常教育生活之中。基地面向全国中小学生开放，坚持以农业、红色文化与校园文化相结合的教育理念，突出以劳动实践教育为核心、以青少年综合素质教育为主题的教育原则，致力于青少年作风纪律、行为习惯的养成和意志品质的磨炼。

（二）特色课程

1. 编草鞋

教导学习稻草绳及草鞋的正确编织方法。让学生树立正确的劳动观念，培育其积极的劳动精神及养成良好的劳动习惯和品质。

2. 泥塑

学习非遗泥塑历史知识；介绍泥塑工具；了解泥塑制作技术。了解中国传统泥塑工艺的历史文化、特征与价值，弘扬中华民族非物质文化遗产。

3. 有机蔬菜移栽

学习整地施肥、起苗、有机蔬菜移栽及浇水方法，了解有机蔬菜移栽过程。树立正确的劳动观念，培育积极的劳动精神及养成良好的劳动习惯和品质。

4. 四川泡菜制作

学会刀具使用技巧，掌握四川泡菜的制作流程。增强学生管理知识及美学、化学方面的知识，学到更多关于营养学方面的知识。

5. 桃花糕制作

了解桃花糕制作的相关知识，掌握桃花糕的制作流程；通过现场观摩、实践体验，让学生学自食其力，并对"自己动手丰衣足食"产生深刻体会；

培养学生的动手能力、创新意识、审美能力及协调合作意识。

6. 有机蔬菜育苗

学习种子的筛选方法；掌握浸种的方法及温度；学习育苗土的培育及育苗步骤；了解发芽后的注意事项；了解有机蔬菜育苗过程。通过本课树立学生正确的劳动观念，培育学生积极的劳动精神及养成良好的劳动习惯和品质。

四、活动开展

千堆雪劳动教育基地

图 4-2 千堆雪劳动教育基地

一、基地简介

在千堆雪劳动教育基地，学生会走进先进、无菌的制水车间，通过"第一视角"在"第一现场"一同见证千堆雪优质山泉水的制作全程。在"专业课堂"，观察微观水世界，学习中国工业史，了解水知识，探寻水文化；在"参观课堂"，实地参观制水流程和桶装水的灌装生产线、观摩塑料水桶现场制作；在"劳动课堂"，亲身体验清洗、搬运、制瓶和贴标签等不同岗位工人的辛勤，学生动手在当日的成品水水瓶上贴上印有自己头像的标签（需提前收集学生的电子版相片），并带回作为劳动教育纪念。在"趣味课堂"，学生既可以单独完成水墨画创作，也可以与同学共同完成水主题巨画艺术品创作。

二、  基地资源

（一）场地接待

广元千堆雪劳动教育基地现有户外取水、净水装置制作、水桶清洗职业体验等室外活动专区 2.6 万平方米和可供学生学习、休息的室内活动专区 5012 平方米 （含功能教室及水质检测等活动专区）。室内及室外活动专区能同时容纳 700 名学生参加劳动教育实践活动，室外活动专区生均使用面积达到 37 平方米/人以上，室内活动专区生均使用面积达到 7.1 平方米/人以上，能够充分满足每一位学生劳动实践活动开展的场地需求。

（二）师资

基地现已建立一支由 15 人组成的专兼职相结合的高素质专业化劳动教育教师队伍，其中专职教师 5 人，兼职教师 10 人。专职教师均是受过专业教育理论和实践训练的通过国家教师资格考试并取得教师资格证的专业人员，兼职教师从各技术行业中的优秀人才中选拔组成，专业知识过硬，专业技能过强，能高质量完成学生劳动知识和技能的培养教育任务。

（三）教学保障

千堆雪制定标准的研学实践教学计划，每位教师根据不同的课程做好相应的备课准备。同时成立课程项目小组，对课程内容有严格的考评制度。每节课程备有相应的课程教具，由导师讲解使用方式，并备有安全应急预案。

（四）安全保障

基础设施配套齐全，配置有适合中小学生使用，与开设课程相匹配，满足接待能力的劳动工具和器材。村医务室就在基地周边，距离不超过 100 米，配备专职医务人员、基本医疗用品，能够处理一般伤病事故，宝轮镇医院距离基地 20 千米。基地就餐场所具备食品经营许可证，餐饮服务人员均有健康证，几个场所可以容纳 300 人以上人员同时就餐，服务质量优质，菜品新鲜、干净。

三、课程建设

（一）课程概述

通过本次劳动教育课程，学生可以直击现代化生产线作业，感受现代科技的魅力；通过有趣的科普小实验体会到实验的乐趣，掌握更多关于水的知识；还可以通过职业体验，享受劳动带来的快乐。在活动中学习、探索、实践，既能激发学生主动探索的兴趣和潜能，增进对社会生产实践的认识，也可以感受到千堆雪"上善若水"的企业文化精神，为他们今后的学习成长树立优秀榜样。

（二）特色课程

1. 走进制水车间

学生有机会深入矿泉水基地，亲身体验矿泉水的生产过程，从水源地到灌装车间，了解每一个环节的操作和技术。

2. 水质检测实验

通过进行水质检测实验，学生可以学习如何测量 pH 值、检测矿物质含量等，了解矿泉水的品质特征，培养科学实验的能力和思维。同时进行健康饮水教育，教导学生正确的饮水方法和健康饮水知识，培养良好的饮水习惯。

3. 回收桶的预处理

在该研学过程中，强调对水源地生态的保护和可持续发展，让学生了解生态系统的重要性，培养环保意识和责任感，强调水资源保护的重要性，引导学生养成节约用水和爱护环境的良好习惯。

四、活动开展

金色家园人民公社劳动教育基地

图 4-3　金色家园人民公社劳动教育基地

一、基地简介

　　农村人民公社化运动，是我们党在 20 世纪 50 年代后期全面开展社会主义建设中，为探索中国社会主义建设道路所作的一项重大决策。之所以取名"人民公社"劳动教育基地，不仅仅是名字富有时代性，更重要的是这里保留了一个时代的记忆。基地是由四川省金色家园生态农业科技有限公司投资建设的，位于广元市下寺镇剑门关景区环线汉阳中心场镇处、新老县城中心位置。项目建设投资 3600 万元。

二、基地资源

基地实现了劳动教育的功能性分区，现建成的有农耕体验区、民宿休息区、水上游乐区、丛林穿越区、种（养）植区、劳动体验区等。基地地理位置优越，毗邻 318 自驾营地、小剑小学、剑门关和翠云廊景区，交通便利、道路完好、安全性高。可同时接待 1000 余人同时用餐及研学活动。基地承接劳动教育的优势明显，周边配套设施完善且功能性强。基地内部功能性设施完备，场地规模大。可供集中学习、体验、休整的场馆场地布局科学合理，有适宜开展大中小学劳动教育的相关课程，配置有适合大中小学生使用、与开设课程相匹配、满足接待能力的劳动工具和器材。公共信息导向标识健全。基地内融合了剑阁县区域特色元素，乡土乡情资源浓厚，内外环境和谐、自然。建筑造型有特色且育人环境氛围浓厚。

（一）场地接待

基地面积 20 万余平方米，以 20 世纪 40 年代老建筑为主，这些建筑以草、木为主材。现投已投入资金 1200 万，提供民宿、60 余床位、1500 平方米餐厅、3000 平方米休闲场所，是集垂钓场所、篮球场、健身房、亲子乐园、农耕体验为一体的剑门关景区的接待场所。基地计划 2024—2029 年五年内将新增就餐接待面积 500 平方米，新建教育实践基地 1000 平方米，新增研学实践科普教育项目 5 个以上，新建管理服务点 2 个，设立医疗救护中心 1 个，扩建停车场 1000 平方米，布设垃圾箱 20 个、垃圾收集点 2 个等，力争 2023 年年接待游客达 10 万人以上，接受学校团体开展研学实践科普教育课程 10 万人次，为当地经济发展，农业强、农民富、农村美贡献自己的一份力量。同时在未来的发展道路上，基地将继续全力推进研学实践教育，充分发挥研学实践基地在育人方面的教育性、实践性、探究性、安全性和趣味性作用。

（二）师资

基地专职人员 24 人，专职中有教师资格证的 6 人，兼职人员 3 人。

（三）教学保障

本研学基地设施设备完善，根据不同学龄段的学生开设不同的研学实践课程，根据相应的课程配备对应的研学课件、教具、系统化的活动评价体系标准，设置专业持证的研学导师进行系统的活动授课，保证研学活动顺利实施。

（四）安全保障

基地设施设备齐全，公共场所备有明显的路标和安全、引导告示牌。整个基地实现摄像头监控全网覆盖。室内场所均有安全出口指示牌、安全消防用品且定期举行消防演习。卫生间、厨房配有紫外线杀菌灯。基地建有森林防火水源。根据不同的情况备有各种安全应急预案。基地食堂工作人员持证上岗，且设有专门的食品卫生管理制度，保证餐食安全。

三、课程建设

（一）课程概述

金色家园农庄开展"研学实践教育"课程的目的是让学生接触社会和自然，在实践中学习文化，从而培养生活技能、集体观念、创新精神和实践能力，养成自理自立、文明礼貌、互勉互助、吃苦耐劳、艰苦朴素等优秀品质和精神，增进对自然、社会的理解和认识，增强社会责任感和实践能力。

（二）特色课程

1．"乡"遇未来

通过前置课程的资料收集，让学生初步了解乡村振兴战略及其作用；通过模拟乡村振兴建设的工程，让学生化身未来乡村建设者，动手动脑，创意物化，提升学生的创新思维与动手能力。通过让学生进行实地的调查与访谈活动，让学生学习田野调查与人物访谈的方法，并在基于调查与访谈的结果，培养学生收集整理信息的能力的同时，学习撰写调查报告。

2．小郎中学医记

开阔学生眼界，了解农村、了解大自然；了解常用的包扎材料；增强学生在野外生存的能力；正确认识不同的受伤部位需使用不同的包扎材料，并完成简单的包扎。

3. 农夫蜕变记

认识农业生产工具，了解中国农业的发展与变迁。通过认识原始农业生产工具、传统农业生产工具，再到现代农业生产工具的发展，感受到祖国的发展和兴盛。

4. 剑阁扯面制作技艺

了解剑阁扯面制作过程。通过学生亲自参与和面、搓面、扯面等步骤，培养学生动手操作能力。

5. 小鸡快跑

认识剑门土鸡和该品种的判定方法。通过喂养土鸡、制作饲料，知晓其生活习性、生活环境。了解家乡资源，热爱家乡，为家乡品牌代言。

6. 雄关花鸟字画

了解花鸟字画的历史沿革及其价值。通过学生作画，掌握花鸟字画的技巧，感受其艺术美，培养学生动手操作能力和审美情趣。学生在积极参与学习的过程中，不仅培养动手能力和耐心，还能感知生活美、艺术美，并学以致用。在掌握基础知识的同时培养学生在"学会学习"方面的核心素养，提升人文底蕴。

7. 吟诵让古诗文更有"味"

了解家乡的非遗文化——川北吟诵。学生通过吟诵，了解家乡、热爱家乡，并将非遗文化发扬光大。在掌握基础知识的同时，提升自身的文化品位，增强文化底蕴。

8. 疯狂原始人——钻木取火

使城市少年体验在不同环境中学习和生活的感受，了解城乡生活条件上的差异；在团队协作下，急中生智，学会用原始材料取火，拓展学生的户外生存知识，增强学生在野外生存的能力。

四、活动开展

广元市新时代服装厂劳动教育实践基地

图 4-4　广元市新时代服装厂劳动教育实践基地大门

一、基地简介

广元市新时代服装厂劳动教育实践基地位于利州区河西办事处学工村七组 58 号。基地基础条件较好，占地面积约 8666 平方米，建筑面积 8000 多平方米，建有可容纳 600 人的多媒体会议室，食堂建筑面积 500 多平方米，能同时接待 600 人/天开展活动。基地场所、设施设备、教学器材等符合安全规定和卫生环保标准，配置有适合中小学生使用、与开设课程相匹配、满足接待能力的劳动工具和器材。基地运行环境良好，交通便利，道路完好，安全性高，达到大型校车通行标准。

基地劳动教育资源丰富，劳动教育功能齐全，劳动教育价值突出。

一是劳动教育资源丰富。基地有 2 个企业，1 套班子，1 个场地，企业党组织建设规范，工会、妇联组织齐全。且基地内 2 个企业均与教育行业有关，一个用来服务各中小学学校，为学生生产校服。校服本身就具有教育功能，校服是一个国家文明程度的载体之一，是学生群体在特定时间、特定空间下穿着的服装，是校园文化的物化载体，是学校特有的后勤装备，承载着特殊的素质教育意义。校服的实施不仅有利于教学管理的统一性、规范化，更有利于学生素质的培养，它对学生有隐性教育和规范行为的功能，对培养学生集体主义意识和团结合作精神，建立学生的荣誉感、凝聚力、审美观、平等感、勤俭节约美德等有促进作用，同时对学校品牌塑造、精神文明建设及校园文化建设具有重要促进作用。"衣食住行用"，人生存基本能力中以衣为首，因此，围绕学生天天都要穿着的校服就能开发设计出许多学生能够参与的劳动课程。另一个用来开展广元市残疾人就业培训工作。学校现为"国家级残疾人职业培训基地""四川省残疾人体育训练基地""四川省残疾人创业（就业）示范基地""四川省残疾人之家""广元市优秀社会组织""广元市 4A 级社会组织"。目前基地内残疾人职工占比达到 30%。残疾人自强不息、艰苦奋斗、乐观自信、自立自强精神具有很好劳动教育价值。在这样的环境下，基地培训的残疾人举重队运动员在四川省第九届残运会上取得 7 金 8 银 4 铜的优异成绩，在四川省第十届残运会上取得 12 金 1 银 1 铜的优异成绩，在第十一届全运会上取得 2 枚银牌、1 个第四名、1 个第五名、2 个第六名、1 个第七名、1 个第八名的好成绩，在世界锦标赛上获得 1 枚银牌，在 2023 亚残运会上获得 1 枚金牌。残疾人励志教育资源丰富而有特色。此外，企业创始人吴利通同志是肢体二级残疾人，他被区、市、省授予"自强模范"，被评为利州区"劳动模范"，被广元市委授予"全市优秀共产党员"荣誉称号；在全省"奋进新时代、共享新发展"典型事件（人物）评选活动中，被四川省残联评选为"最励志的自强典型"人物。被中央文明办、国家民政部、中国残联联合授予"全国志愿助残阳光使者"称号。被省人力资源和社会保障厅、省民政厅联合授予"四川省社会组织先进个人"。围绕他的创业经历就有许多励志

故事，有利于研学学生受到熏陶、感染。

二是劳动教育功能齐全。基地实施方案及课程设计注重体现"以体力劳动为主，注意手脑并用"要求，以"劳动教育是发挥劳动的育人功能，对学生进行热爱劳动、热爱劳动人民的教育活动"为指引，突出三个基本特征：其一是鲜明的思想性，强调劳动者是国家的主人，一切劳动和劳动者都应该得到鼓励和尊重，反对一切不劳而获、崇尚暴富、贪图享乐的错误思想；其二是突出的社会性，要求引导学生走向社会，认识社会，强化责任担当意识，体会社会主义社会平等、和谐的新型劳动关系；其三是显著的实践性，以动手实践为主要方式，引导学生在认识世界的基础上，学会建设世界，塑造自己，实现树德、增智、强体、育美的目的。

三是劳动教育价值突出。基地在课程设计时，注重根据中小学生自身特点，强调三类劳动教育（日常生活劳动教育、生产劳动教育、服务性劳动教育）的育人价值定位，树立正确的劳动观念、具有必备的劳动能力、培育积极的劳动精神、养成良好的劳动习惯和品质。

校服既有商品属性，又有教育属性，它一头连着市场，一头连着教育。它的教育属性就是育人功能。衣以载道，衣以育人。校服是学生德育、美育的日常载体，是学校校风、校纪和校园文化的重要标志之一。为了积极探索校服企业为中小学生提供劳动教育实践的内容及方式，进一步落实《义务教育劳动课程标准（2022年版）》围绕"日常生活劳动、生产劳动和服务性劳动"构建内容结构的要求。该基地开发出以"学会生存，学会劳动，学会感恩，让学生传承劳动精神；衣以载道，衣以育人，衣以传承，让校服传承教育精神"为主题的中小学生劳动教育实践体验活动项目。中小学生主题劳动教育实践体验活动项目紧紧围绕《义务教育劳动课程标准（2022年版）》任务群要求，以中小学生日常生活劳动为主，立足学生个人生活事务处理，围绕校服的"清洁与卫生、整理与收纳、工业生产过程、售后服务劳动"并结合中小学生质量教育、美育教育等要求进行课程内容设计，注重培养学生的生活能力和良好卫生习惯，树立自理、自立、自强意识。让学生在校服生产过程中体验从简单劳动向复杂劳动、创造性劳动的发展过程，淬炼生产劳动技能，体会物质产品的来之不易，认识劳动与自然界的基本关系。聚焦中小学生自主生活技能，探索在校服工业生产劳动中如何培养中小学生适应未来发展的正确价值观、必备品格和关键能力，进行有益尝试。

二、基地资源

（一）场地接待

基地活动专区占地面积建筑面积 5000 平方米以上，能同时接待 600 名学生参加劳动教育实践活动。基地道路交通便利，道路完好，安全性高，达到大型校车通行标准。

（二）师资

基地具有专兼职相结合、相对稳定的劳动教师队伍 12 人，业务能力较强。专兼职教师具有与劳动课程相匹配的专业优势，具有教师资格证、导师证或有相应职业资格证书，并且熟知劳动实践教育教学原则。

（三）教学保障

基地公共信息导向和安全警示标志设置充分、明显。教育教学配套设施完善，布局科学合理，并配置足量的校服特色劳动教育系列实践课程相应的工具，以及教学耗材。在此基础上，还配备劳动体验所需的劳保用品。劳动工具与器材能够满足教育教学需求，保证劳动教育实践课程的有效实施。

（四）安全保障

基地场所、设施等符合安全规定和卫生环保标准。基地属于服装来料加工企业，不存在辐射、危险化学品等安全隐患。车间各工位均配置了劳动工具使用说明书、设备操作说明书、设备安全须知等。基地内安装有高清摄像头对主要通道口、教学场所等，实行 24 小时监控（可保存 30 天以上）。整个基地 5G 信号全覆盖，保障应急通信。基地建有停车场，足够保障车辆停放，并在活动期间，安排专人负责指挥车辆调度。基地内水、电、通信、消防、卫生间等公共设施配套齐全，劳动器具齐全，保证正常使用。基地公共信息导向标识健全，有安全逃生通道，有相关概貌地图，在重要场所有安全警示标志。基地设有医务室，能处理一般事故并配有专职医护人员，1 千米范围内建有三甲医院广元市精神卫生中心、回龙河社区医院、杨家岩社区医院。

三、课程建设

（一）课程概述

基地根据中小学生劳动实践教育活动的需要，围绕学生校服展开了一系列课程设计，具备完善的课程体系，包括《中小学生劳动实践教育课程方案》《劳动教育主题课程学生读本手册》《中小学生劳动教育课程实施方案》《劳动教育实践主题课程教案设计》《劳动教育实践周计划》《课时计划表》《劳动任务清单》《中小学生劳动实践教育活动评价手册》等。

基地坚持教育劳动课程以培养学生的核心素养为导向，围绕日常生活劳动、生产劳动和服务性劳动，以任务群为基本单元，构建内容结构。日常生活劳动立足学生个人生活事务处理，涉及衣、食、住、行、用等方面，基地注重从与"衣"有关的方面培养学生的生活能力和良好卫生习惯，树立自理、自立、自强意识。生产劳动让学生在校服生产过程中直接经历物质财富创造过程，体验从简单劳动向复杂劳动、创造性劳动发展过程，淬炼生产劳动技能，体会物质产品的来之不易，认识劳动与自然界的基本关系。服务性劳动让学生利用知识、技能等为基地残疾人提供服务，在现代服务业劳动、公益劳动与志愿服务中认识社会，树立服务意识，体悟劳动中人与人、人与自然、人与社会的关系，强化社会责任感。

劳动课程内容共设置九个任务群，每个任务群由若干项目组成。其中，日常生活劳动包括校服洗涤与保养、校服整理与收纳、服装购买与常识三个任务群，生产劳动包括校服生产劳动、班服设计与制作、传统缝补技艺、新技术体验与应用四个任务群，服务性劳动包括现代服务业劳动、公益劳动与志愿服务两个任务群。实施方案中设计的课程有"参观校服生产厂""中小学生着装礼仪""探究人体体型与服装结构的关系""人体测量基础知识""服装号型基础知识""服装标准与质量知识""校服洗涤、除污、晾晒与保养""校服熨烫、包装、整理与收纳""设计制作班服""校服缝补、锁眼、钉扣""巧用废布创作""校服营销售前、售中、售后服务""劳模精神/残疾人'四自'精神励志教育"13个活动主题，每个主题包含1~2个相关活动项目可供学校选择。

课程对学生学习内容、时间、体验活动编排合理，课程具有系统性、科学性、趣味性，区别于学科课程和课堂教学。

（二）特色课程

基地结合自身特色资源，设计了以"学会生存，学会劳动，学会感恩，让学生传承劳动精神；衣以载道，衣以育人，衣以传承，让校服传承教育精神"为主题的劳动教育实践活动课程，教育教学目的明确，体系完整，课程主题符合社会主义核心价值观，具有明显的教育性、技能性和操作性。特色课程主要有："中小学生着装礼仪""校服洗涤、除污、晾晒与保养""校服熨烫、包装、整理与收纳""劳模精神/残疾人'四自'精神励志教育"。

在"参观课堂"，学生将实地参观校服生产流程，现场观摩校服设计、裁剪、缝制、整烫、包装、检验等工作流程，体验不同岗位工人劳动艰辛。在"知识课堂"，学生将学习中国纺织服装发展史，了解服装知识，探索服装文化。在"实践课堂"，学生将动手学习校服洗涤与除污、维护与保养、整理与收纳，诸如破洞缝补、污渍清洗、校服大改小、锁眼、钉扣、缝边、挽裤脚等。在"励志课堂"，学生将聆听劳动模范吃苦耐劳、奋发图强的感人事迹，聆听残运会冠军们自强不息、顽强拼搏的精彩人生故事……通过学生自己动手实践，出力流汗，在劳动教育实践中理解社会主义核心价值观，树立马克思主义劳动价值观，争做合格的社会主义建设者。

四、活动开展

四季绣生态农庄劳动基地

图 4-5　四季绣生态农庄劳动基地

一、基地简介

　　广元市利州区四季绣生态农庄劳动基地坐落于利州区龙潭乡金鼓村三组，距离广元市区 15 千米。基地秉承"探索、求知、体验、成长"的宗旨，以系统化的劳动实践课程体系为基础，以更灵活的实践方式、更专业的课程设计、更温馨的服务质量、更完善的安全保障为广元市大中小学生服务，是集餐饮、住宿、观光、体验农家生活、开展科普探究、劳动实践为一体的综合性基地。

二、基地资源

（一）场地接待

广元市利州区四季绣生态农庄内住宿单间、标间 42 间，大小会议室 3 间，医务室 1 间，小型超市 1 间，书画室 2 间，亲子灶台 4 个，其他棋牌、餐饮雅间 40 间，可同时接待 800 人左右用餐，设置农事活动体验园、动物饲养观赏体验园、花卉科普观赏体验园、农具识别体验区、运动场 1 个、军训拉练区、素质拓展区和师生生活区，有 1 条 3 千米野外拉练线路，年可接待游客 10 万余人。

（二）师资

基地有专职人员及导师人数 35 人，专职中有教师资格证有 9 人，兼职人员 3 人。

（三）教学保障

基地设有完善的研学导师小组、系统的劳动实践活动体系和课程。不同的课程对应完善的教学环境和教学教具，并配备对应的安全应急预案，能保障课程的顺利进行。

（四）安全保障

基地设施设备齐全，公共场所备有明显的路标和安全、引导告示牌。整个基地实现摄像头监控全网覆盖。室内场所均有安全出口指示牌、安全消防用品且定期举行消防演习。卫生间、厨房配有紫外线杀菌灯。基地建有森林防火水源。根据不同的情况备有各种安全应急预案。基地食堂工作人员持证上岗，且设有专门的食品卫生管理制度，保证餐食安全。

三、课程建设

（一）课程概述

依据大中小学生劳动教育、综合实践活动及各个学科具体培养目标和育人要求，结合实践场地自身特点，本课程以"传统、现代、未来"的时代观贯穿前后，按照劳动与自然、劳动与人类、劳动与生活三大板块进行划分。

课程的设计理念强调劳动精神层面的建设，围绕"劳动精神"这一核心主体，逐步向勤劳精神、团队精神、奉献精神、求实精神、自律精神进行延伸，利用人物、照片、场景、模型、影片、实物、声光电多媒体教具等形式，进行宣讲式教学、体验式教学、反思式教学，引发群体共鸣，让学生可以细致入微地感受到劳动可以创造勤劳一生的真实氛围，体会劳动成果的来之不易，提升整个劳动教育的思想境界。在实践课程的设计思路上，注重因材施教，通过分析学习者的劳动兴趣、劳动技能、认知程度和心理素质等，利用激发兴趣—发现问题—探索新知—巩固拓展的劳动模式，在充分考虑课程目标、课程实施策略、课程活动建议、课程重难点分析、课程评价体系的建立的基础上，进行全方位、多角度、多层次、深体验的劳动实践，从而达到劳动课程目标。

（二）特色课程

1. 当季作物种植

本课程旨在让学生了解到日常农业活动的重要性。通过自己动手犁地、种植农作物、对农作物进行维护修枝等活动，让学生不仅体会到农民面朝黄土背朝天的辛苦，而且懂得应该珍惜现有的良好生活条件，养成热爱劳动、吃苦耐劳、自立自强、爱惜粮食、感恩生活的良好品质与精神风貌。

2. 盆栽植物种植

以四季绣基地的棚栽区为依托，向学生介绍各季节的时令蔬菜和不同类蔬菜的生长特点，并带领学生亲手培育盆栽农作物，体验盆栽作物由选种到播种等一系列过程。在进一步了解农作物的基础上，深刻认识到劳动的重要性。

3. 田间管理

本课程中，学生将尝试为各类农作物施肥、除虫、除草的方法，并结合教师的讲授，系统地学习田间管理的技术细节。本课程将培养学生的耐心与细心，并让学生懂得植物的生长并非一朝一夕，体会作物生长的不易和劳动的重要性。

4. 古法榨油

带领学生学习可用作油料的农作物以及各类植物油的特点，学习菜籽油的原始制作方法；通过参观古法菜籽油制作工艺，亲手体验菜籽油制作的全流程，体验古法手工榨油；培养学生理论和实践相结合的能力，传承劳动文化。

5. 牧草收割与处理

通过对牲畜声音的模仿和其食物来源的分类投放，提高学生学习的积极性和主动性，扩展学生的生活常识，丰富学生的生活经验；通过参与体验能量转换的活动与游戏，拓展学生对农业生态系统的进一步认识；让学生在亲自体验收割与处理牧草的实践过程中，深刻认识到劳动的重要性，感受劳动的乐趣。

6. 农作物采集与加工

本课程将让学生在田地中体验各类农作物果实采摘的全过程，感受收获劳动成果的喜悦；让学生尝试农作物果实的处理方法，并通过对果实进行农副产品加工和艺术创作，提升学生的动手能力和创造力。

7. 农业生态循环

本课程通过介绍植物生长所必备的能量来源、各类养殖动物的主要食物来源、动物排泄物的处理，以及各类动物粪便的作用和特点，让学生从整体了解植物—牲畜—粪便—植物这一物质循环和能量传递的大致流程，以及农业劳动者在其中所扮演的角色，让学生对农业生态循环产生更加清晰的认识。

8. 手工编织技术

本课程以实践基地现存的传统川东北民居为基础，通过实地参观向学生介绍传统川东北民居的特点、传统民居中的生活用品以及农耕用品，让学生近距离体会、感受传统农耕生活，最后通过参与制作老百姓具有代表性的生活用品，让学生深刻感受传统农耕文化，自觉参与到传统文化的保护与传承中。

9. 乡村新画卷

学生将在广宁驿道收集的原材料或捡拾的废弃物，以拼贴绘画的形式表现乡村振兴主题，突出新时代农村的全新风貌，体会新时代乡村在物质文明、精神文明、生态文明等方面的发展与变化，同时认识到主动改善生态环境的重要性。

四、活动开展

无花果劳动实践基地

图 4-6　无花果劳动实践基地

一、基地简介

　　无花果劳动实践基地成立于 2017 年 11 月，位于利州区新农村建设基地龙潭乡建设村一组，距广元市区约 10 千米，主要从事无花果种植、加工、研究等农耕教育，是广元目前首个较大的无花果综合生产基地。现已研发出无花果澳麦脆、无花果膳食纤维棒、即食柠檬片、无花果干、无花果茶片及无花果果酱等产品。基地先后被评为"广元市中小学生研学实践教育基地""广元市中小学生劳动实践教育基地""广元市农业科普示范基地""农民合作社省级示范社"。

二、基地资源

（一）场地接待

无花果教育实践基地（广元市欣芸农林有限公司）位于国家 4A 风景名胜区"芳香南山"，距离城区仅 10 余千米，车程 15 分钟，交通便利。公司在利州区龙潭乡建设村一组、曙光村五组共流转土地 13 万余平方米。公司经过多年的发展，现已经打造成为广元市首家无花果科技示范产业园，每年 8 月至 11 月为园区无花果鲜果采摘期。2019 年结合现有的无花果产品，公司进行了产业升级，将无花果园区成功打造成集休闲娱乐、观光采摘、农家乐餐饮为一体的现代化农林企业，包括无花果种植园 13 万余平方米、农家乐 700 平方米、休闲观光长廊 150 平方米、垂钓区 1 个、儿童游乐中心 900 平方米。

（二）师资

设置研学活动专业管理团队，活动组织规范，配备组织中小学生研学实践的研学导师，专兼职研学导师 20 余人，安全员 8 人，后勤人员 40 余人。保证达到研学导师要求，每 50 名学生至少配备 1 名导师。特殊岗位人员有相应资格证件。

（三）教学保障

具有适合青少年特点的专用设施、研学体验交流场所及休息区域，场所内或周边能提供良好的饮食住宿条件，基地内设有医务室、停车场、卫生间等。场馆设施设备符合安全使用标准，无安全隐患，各类安全设施设备运行良好。

（四）安全保障

本基地有完善的安全应急预案；有具体的防疫措施，环境卫生良好；配备数量充足的安全管理人员；场馆建筑物、设施设备及周边无安全隐患；基地内有固定安全防护及警示设施，设有专门的安全应急通道；配备运行正常的安全监控系统；每次活动皆为学员购买相应保险；食宿安全卫生条件达标。

三、课程建设

（一）课程概述

1. 课程设计理念

研学实践教育活动是学生综合实践活动课程的范畴，是学校课堂教学和课本知识的有效衔接与延伸。研学实践教育活动课程跨学科性强，知识面广，实施过程多样，教学方式灵活，安全管理复杂，评价体系灵活。最终体现国家课程的意志，实现立德树人的教育核心。

2. 课程设计原则

（1）教育性原则：我国的基本国情决定了农业和农村经济的发展在国民经济和现代化建设中的重要地位，在组织学生研学乡村、研学农业时充分挖掘具有教育价值的课程资源，实现资源的现实价值和教育价值的转换。

（2）整体性原则：研学实践教育作为一门活动课程，覆盖小初高大部分学段，课程开发必须坚持递进性、衔接性，以整体的思维整合资源，充分考虑资源的定点、定性、定型。

（3）课程性原则：研学实践教育课程呈现持续性、递进性、关联性、多样性的特征，在课程开发时充分考虑"不平衡、不充分"问题，坚持以学生为本，以立德树人为核心，以活动为载体，以体验为中心，将"行""知"结合，强调"真""实"情境。

（4）实践性原则：研学实践教育要突破当前比较集中、相对闭环的教育生态，寻找知识与真实生活的衔接点，将教育放入客观真实的情境，让学生可触、可操、可行、可思。

（二）特色课程

1. 无花果的种植与栽培

通过对自然生态板块课程的学习，让学生有计划、有安排地进行劳动体验教育，是学校教育和校外教育衔接的创新形式。对学生进行劳动教育实践不仅可以培养学生的劳动习惯和技能，而且对学生主体性发展和创新能力培养具有重要意义。

2. 无花果高空压条技术

搜集相关资料，研学导师引导学生查阅资料，讨论压枝枝条选择的方法与步骤。制定工作方案，进行任务分工。导师示范、讲解选枝要领，学生分组选枝，加强考核，评选出优秀小组。最后进行总结与分享。

3. 农耕体验

积极参加劳动课程，学习传统农耕用具的使用方式方法，参与传统人工犁地。亲历社会实践，加深有积极意义的价值体验，主动分享体验和感受，在与教师、同伴交流的过程中形成思想认同，进而形成国家认同。通过体验活动，发展兴趣专长，形成积极的劳动观念和态度。

4. 农产品艺术创作

艺术创作是一种复杂的精神活动，是学生最直接、最自由、最便捷的情绪表达方式。通过创作，可以充分表达自己的内心情感和对外部世界的感受，本课通过学生自己的亲身体验及敏锐的观察力和丰富的想象力，把见到的有趣的事、人物、动物、环境、大自然等用手中的农产品以不同的创作内容表达出来。

5. 无花果整形修剪技术

让学生了解无花果修剪的意义，让他们在劳动过程中，充分锻炼动手能力。查询无花果的相关书籍，搜集相关资料，让学生讨论无花果枝条整形修剪的相关方法，研学导师引导学生查阅资料，师生讨论工作方法与步骤。学生查阅无花果高空压条的相关资料，了解无花果高空压条的意义、方法及注意事项，导师引导学生找出正确的方法。

6. 无花果鸡宫保鸡丁

通过宫保鸡丁的制作学习，使学生既了解我国传统美食的制作方法和历史背景，又让学生品尝到美食，最重要的是培养学生热爱劳动的思想和习惯，体会自己动手成功制作美食的经过，从而让学生认识到劳动最光荣。

四、

五指山劳动教育基地

图 4-7　五指山劳动教育基地

一、基地简介

　　五指山又名五子山，位于四川省广元市剑阁县城 25 千米处。基地成立之初旨在全面盘活五指村境内闲置旅游资源和即将遗失的远古文化，公司通过农业+文化+旅游并以股权众筹模式开展以农业观光（农旅），历史文化发掘传承（文旅），户外拓展训练（体旅），康养避暑度假（康养），五指山乡土民俗

文化发掘，民间手工艺体验及草编、竹编、藤编等旅游产品配套旅游的精品劳动教育项目。目前，该基地年均引流到访游客 3 万余人次，已成功评为"四川省返乡创业联盟会员单位""四川省乡村旅游协会会员单位""四川省旅游协会会员单位""广元市返乡创业协会理事单位""广元市乡村振兴研究院会员单位""广元市质量品牌协会会员单位""绵阳市剑阁商会理事单位""剑阁县教育基金会理事""剑阁个私协会理事单位""广元市家庭教育学会亲子教育实践基地"。现已蜕变为国家 AAA 级旅游景区、国家森林乡村、省级农业现代产业园区、四川省乡村振兴示范村、省级生态村、省级四好村。

二、基地资源

基地已建成集餐饮、住宿、会议、休闲于一体的"龙道山庄"，建成游客中心、太极广场等 3 个停车场。建成五指山农特超市、游客接待厅、"俯瞰五指"等自然和人文景观景点，新修游人中心接待站，实现了旅游、观光、餐饮、娱乐一条龙服务。

（一）场地接待

剑阁县五指山有机农业园区规划面积约 67 万平方米，其中核心区 30 万平方米。共规划劳动场地 9 个，每个约 600 平方米。五指山基地功能分区完善，活动专区占地面积共计约 67 万平方米，能同时接待 1000 人以上学生同时参加劳动。

（二）师资

基地专职人员 29 人，专职中有教师资格证的 9 人，兼职人员 8 人。

（三）教学保障

基地设有完善的研学导师小组、系统的劳动实践活动体系和课程及完整的课程评价体系，针对不同的课程配备相应的教学环境和教学教具，由导师带领学生学习教具使用。定期对基地导师进行课程培训，制定研学导师管理及安全应急预案，能够保障课程的顺利进行。

（四）安全保障

基地设施设备齐全，公共场所设有明显的路标和安全、引导告示牌。整个基地摄像头实现监控全网覆盖。室内场所均有安全出口指示牌、安全消防用品且定期举行消防演习。卫生间、厨房配有紫外线杀菌灯。基地建有森林防火水源。根据不同的情况备有各种安全应急预案。基地食堂工作人员持证上岗，且设有专门的食品卫生管理制度，保证餐食安全。

三、课程建设

（一）课程概述

五指山农耕博物馆中古老的农耕器具陈列有序，从古代到近代，各种农耕生产器具无不彰显劳动人民的智慧与毅力。通过基地专业人士的讲解，能让游客了解和学习农耕文化，了解五指山农耕文化的浓厚底蕴。然后带领游客亲手体验，全力以赴实践劳动课程，真正体会农民的辛劳，感受粮食的来之不易，领悟"锄禾日当午，汗滴禾下土"的意义。学生亲手体验非物质文化遗产手工制作，项目包括草编、竹编、木质、布艺、糖画等 DIY 手工。同时可开展相匹配的劳动教育课程，穿汉服、行汉礼、认汉器等。也可借由五指山特有的家风家训开展"诗礼传家""讲讲我的家训故事"等活动。此外，基地特别注意根据不同时间安排不同的农事活动等，让游客保持新鲜感，提高他们二次观光的可能。

（二）特色课程

1. 劳动最光荣·勤奋出智慧

劳动教育是中国特色社会主义教育制度的重要内容，直接决定社会主义建设者和接班人的劳动精神面貌、劳动价值取向和劳动技能水平。针对不同学段、类型学生特点，以日常生活劳动、生产劳动和服务性劳动为主要内容开展劳动教育，结合产业新业态、劳动新形态，注重选择新型服务性劳动的内容。

2. 乡村振兴

通过前置课程的资料收集，让学生初步了解乡村振兴战略及其作用；通过模拟乡村振兴建设的工程，让学生化身未来乡村建设者，动手动脑，创意物化，提升学生的创新思维与动手能力。通过让学生进行实地的调查与访谈活动，让学生学习田野调查与人物访谈的方法，并在基于调查与访谈的结果，培养学生收集整理信息的能力的同时，学习撰写调查报告。

3. "艺"想天开

加强学生对于乡村振兴的理解。通过动手绘画，培养学生的审美能力，发展创造性思维，提高创新能力和动手操作能力。

4. 五谷艺术

让学生了解民间工艺艺术"五谷粮食画"的起源、历史、传承、发展。通过动手创作五谷画，培养学生的审美能力与创新精神，发展创造性思维，提高创新能力和动手操作能力。

5. 指尖上的非遗——羊岭布艺童帽

欣赏布艺作品，感知布艺技法，运用合适的技法创作作品。通过欣赏布艺作品，激发学生的学习兴趣，通过小组讨论、合作、交流、探究等方式，运用技法，创作布艺作品，培养学生自主实践的能力，让学生自己思考，参与知识的获得过程，使每个学生都有主动参与、自我展示的机会，培养学生的创新能力。

6. 指尖上的非遗——高观皮影

通过欣赏皮影戏、观察皮影作品，了解皮影人物的简单知识、结构与衣着装饰。通过欣赏皮影戏，激发学生的学习兴趣，通过小组讨论、合作、交流、探究等方式，运用技法来完成任务，培养学生自主实践的能力，让学生自己思考，参与知识的获得过程，使每个学生都有主动参与、自我展示的机会，培养学生的创新能力。

7. 二十四节气

借助《二十四节气歌》，让学生初步感知二十四节气，了解二十四节气的名称；认识农村常用的劳作工具，发现这些工具的用途；通过掌握二十四节气的内容，让学生知晓不同的节气对应的不同习俗；在基于调查与访谈的结果，培养学生收集整理信息的能力的同时，学习撰写调查报告。

四、活动开展

四川广元剑门五指山风景区

西郊印象玫瑰园劳动教育基地

图 4-8　西郊印象玫瑰园劳动教育基地

一、基地简介

　　西郊印象玫瑰园成立于 2013 年 8 月，位于广元市利州区上西街道吴家濠村五组。2018 年 8 月，经广元市利州区上西街道办事处招商引入投资"西郊印象玫瑰园"农旅项目，园区具备苗木（花卉）培育、观光体验、劳动研学教育、休闲度假等主要功能。"西郊印象玫瑰园"于 2021 年 8 月，经广元市教育局批准为"广元市大中小学示范性劳动教育基地"。

二、基地资源

（一）场地接待

西郊印象玫瑰园流转土地供给 13 万余平方米，其中建筑面积约 5000 平方米，能同时接待 700 名学生参加劳动教育活动，室内活动场所人均使用面积达 5~7 平方米以上，有可供集中学习、体验、休整的场地，功能齐全、布局科学合理。基础设施配套齐全。园内外环境自然、和谐，以细节为本，结合乡土特色，适宜大中小学生开展劳动教育活动。

（二）师资

园区有专兼职农艺师 2 名，专职教师 1 名，研学教学部教师队伍业务能力较强。

（三）教学保障

园区针对不同的课程活动内容，设置相应的活动教具教材、课程执行内容教案和教学方法，此外，园区设有完善的评价体系。严格把握课程中出现的安全隐患并及时规避和处置。

（四）安全保障

基地配置适合小、初、高年级学生使用的劳动教具与器材和完善的劳动课程课件等。基地内各场馆安装有监控摄像头保证研学和劳动实践课程的安全开展，音像资料能保存 30 天以上；园区设有医务室和应急外用药物，能处理一般伤病，且距离园区 5 千米以内有社区医院，能处理大小内外伤病。园区交通便利，设有指示牌，并达到大型校车通行标准。研学活动基地设有安全应急预案和应急处置措施。

三、课程建设

（一）课程概述

园区根据教育目标，针对学生特点，开展以玫瑰为主题的劳动教育实践课程，以现代科学农业技术为切入点，增强学生对农业技术的认知和实际操

作，结合现代蔬菜种植技术让学生体验种植、嫁接、防虫害并认识不同植物蔬菜的生长周期规律。同时劳动园区内开展相关的家庭劳动课程，如包包子、钉纽扣、毛线编织等，可以增强学生的劳动实践动手能力。此外，垃圾分类切合当下环境保护课题，以此开设课题可以从小培养学生的环境保护意识和理念。将生态研学活动探讨融入劳动教育当中，能增强学生的社会责任、服务社会的劳动意识。

（二）特色课程

1. 月季种植

了解月季栽培的环境条件，体验、掌握扦插、压条、分根、嫁接等月季培育技术（以上技术同时适用于部分蔬菜、水果、绿化苗木），了解、体验、掌握水肥管理、修枝整形、病虫害防治等月季培育管护技术，培育学生形成崇尚劳动、热爱劳动、辛勤劳动、诚实劳动的劳动精神。

2. 垃圾分类

掌握我国垃圾分类的标准和垃圾分类的操作流程。通过科学地宣传普及人类垃圾对地球环境的影响，唤起学生对公共社会议题的讨论关心，从小培养学生对环境生态保护的意识，增强学生对于自然、生态、环境保护的社会使命感。

3. 蔬菜种植

通过种植蔬菜的实践活动，培养学生的动手能力；了解不同蔬菜的生长周期和对湿度、温度等环境因素的要求，通过科学的种植栽培体验种植劳动的乐趣，引导学生开启对于农业学科的启迪。让学生通过这次种植的体验举一反三，并尝试在家中制作迷你小农场，定期观察和养护，提升学生的观察力、耐心，增加对农业知识的了解，培养对劳动的热情。

4. 生活劳动

设置丰富又实际的生活劳动课程，如钉纽扣、包包子、织毛衣等。通过实际操作，让学生掌握简单的家庭劳动小技能，培养学生良好的家政服务意识，学会自己的事尽量自己做，并在完成的基础上力求完美。

四、活动开展

朝天核桃基地

一、基地简介

朝天核桃产业劳动教育基地是朝天区内唯一一个经教育主管部门挂牌命名的以核桃产业为主题，适合大中小学生开展校外劳动教育的基地。该基地由新华文轩出版传媒股份有限公司广元市分公司联合朝天区核桃产业技术研究所、广元市月桂食品有限公司联合打造。2023年7月被广元市教育局命名为第二批广元市大中小学示范性劳动教育基地。

二、基地资源

（一）场地接待

选取朝天核桃产业资源作为中小学生劳动教育的课程资源是基于朝天核桃是广元七绝之一，被评为中国国家地理标志产品，其在朝天的种植范围、产业结构、产品深加工、产业研究方面具有鲜明的地域性、代表性和教育性。以朝天核桃产业资源作为中小学生校外劳动教育的资源点，有利于中小学生了解家乡、了解农业产业经济，有利于培养中小学生劳动技能，树立中小学生正确的劳动价值观。该基地教学场馆（地）分为朝天核桃博览馆、中子核桃种植园、中子越龄月饼厂三部分。朝天核桃博览馆位于朝天区中子镇（原棋盘关收费站），馆内设有产品展示区、核桃科普区、农作器械展示区、核桃文创区、核桃研究实验室等。中子核桃种植园规模近 67 万平方米，种植有不同品种的核桃。该种植园地势开阔、设施齐全，能够满足中小学生教育需求。广元市月桂食品有限公司坐落于中子镇，是一家专业生产核桃月饼、核桃饼的食品加工厂。

（二）师资

开展好研学活动，导师是支撑。文轩研学为保障研学实践教育活动的教育性和专业性，与四川省教育发展研究会、中国陶行知研究会培训学院等机构合作，面向全国培养研学实践教育导师，并于 2019 年 6 月成功举办四川省研学实践教育导师培训会，来自全省的 120 余名教育工作者和新华文轩教育服务的一线员工，经考核合格后取得研学实践教育导师结业证书；同时，与国内师范院校合作，定向培养研学实践教育人才，逐步搭建研学导师服务体系，为省内外学生在四川开展研学实践教育活动提供专业的导师服务。

（三）教学保障

具有适合青少年特点的专用设施、研学体验交流场所及休息区域，场所内或周边能提供良好的饮食住宿条件，基地内设有医务室、停车场、卫生间等。场馆设施设备符合安全使用标准，无安全隐患，各类安全设施设备运行良好。

（四）安全保障

食品安全方面，基地资质和卫生安全符合标准。无凉卤、无小刺小骨、无高危菜品（四季豆、鲜黄花、野生蘑菇、发芽土豆）；定期检查合作餐饮点各项餐饮卫生情况，保障学生的饮食安全。每餐必须留样 48 小时以上；根据项目和就餐地点条件提供桌餐、盘餐等最合适的用餐方式，保证食材新鲜、卫生、可口。

交通安全方面，基地实施严格的管理制度，如内部交通运输安全责任制、驾驶员档案管理和考核制度、车辆设施设备和监控系统制度。有严格的用车标准，仅雇佣有丰富的驾驶经验和职业道德的司机。

三、课程建设

（一）课程概述

朝天核桃产业劳动教育基地课程设计以国家课改指导纲要为依据，以学生为中心，以培养学生基本素质为宗旨，力求理论与实践相结合，增强学生动手能力，发展学生的创造性思维，并确保设计具有可操作性。

（二）特色课程

朝天核桃产业劳动教育基地课程由市外劳动与实践教育专家、朝天核桃产业研究员、农技专家、食品加工行业人才联合开发。基地开设有"核桃科普""核桃园的小农夫""核桃采摘与去皮""琥珀核桃制作""核桃月饼制作""核桃饼制作""DIY核桃壳工艺品制作"等课程。

四、活动开展

1. 核桃月饼制作

2. 核桃科普

剑山未见山基地

图 4-9　剑山未见山基地

一、基地简介

　　剑山未见山基地位于剑阁县汉阳镇云丰村，毗邻剑门关景区及翠云廊景区，系原村小改造，具有教育底蕴。该基地由新华文轩出版传媒股份有限公司剑阁分公司、剑山未见山民俗体验中心、剑阁县汉阳镇农业产业园联合打造。2023 年 7 月被广元市教育局命名为第二批广元市大中小学示范性劳动教育基地。

二、基地资源

（一）场地接待

基地现有果蔬种植区约 6.7 万平方米，现代化大棚约 6.7 万平方米，传统大棚 13.3 万余平方米。设置有生活劳动实践区、水果种植实践区、农产品艺术制作实践区、农艺文创实践区、现代农业科普体验区、传统农耕实践区等教育教学场馆（地）。

基地充分挖掘地方特色资源、优势资源，将剑门豆腐、传统农耕、现代农业纳入课程设计规划。剑门豆腐产自四川省剑阁县，属"广元七绝"之一，将剑门豆腐纳入课程资源，通过科普学习、实践操作，将进一步促进中小学生了解地域特色产业、优质产品。剑阁县属于传统农业大县，农耕文化深厚，加之基地系原村小改建，将耕读文化、农耕实践纳入课程资源，能够满足大中小学生日常生活劳动、生产性劳动的需要，促进学生养成劳动习惯、增长劳动知识、提升劳动技能。基地的现代农业生产，能够开阔学生的眼界，了解农业发展前沿，通过现代农业科普、水培、现代农业种植等系列课程的学习，在创意物化、价值体认方面促进学生成长。

（二）师资

开展好研学活动，导师是支撑。文轩研学为保障研学实践教育活动的教育性和专业性，与四川省教育发展研究会、中国陶行知研究会培训学院等机构合作，面向全国培养研学实践教育导师，并于 2019 年 6 月成功举办四川省研学实践教育导师培训会，来自全省的 120 余名教育工作者和新华文轩教育服务的一线员工，经考核合格后取得研学实践教育导师结业证书；同时，与国内师范院校合作，定向培养研学实践教育人才，逐步搭建研学导师服务体系，为省内外学生在四川开展研学实践教育活动提供专业的导师服务。

（三）教学保障

具有适合青少年特点的专用设施、研学体验交流场所及休息区域，场所内或周边能提供良好的饮食住宿条件，基地内设有医务室、停车场、卫生间等。场馆设施设备符合安全使用标准，无安全隐患，各类安全设施设备运行良好。

（四）安全保障

食品安全方面，基地资质和卫生安全符合标准。无凉卤、无小刺小骨、无高危菜品（四季豆、鲜黄花、野生蘑菇、发芽土豆）；定期检查合作餐饮点各项餐饮卫生情况，保障学生的饮食安全。每餐必须留样48小时以上；根据项目和就餐地点条件提供桌餐、盘餐等最合适的用餐方式，保证食材新鲜、卫生、可口。

交通安全方面，基地实施严格的管理制度，如内部交通运输安全责任制、驾驶员档案管理和考核制度、车辆设施设备和监控系统制度。有严格的用车标准，仅雇佣有丰富的驾驶经验和职业道德的司机。

三、课程建设

（一）课程概述

剑山未见山基地课程设计以学生为中心，以培养学生基本素质为宗旨，力求理论与实践相结合，增强学生动手能力，发展学生的创造性思维，并确保设计具有可操作性。

（二）特色课程

剑山未见山基地课程由市外劳动与实践教育专家、现代农业产业研究员、农技专家联合开发。基地开设有"剑门豆腐""创意竹具""果林套种""烹饪实训""无土栽培""蔬菜扎染""蔬果盘饰雕刻""现代农业科普"课程。

四、活动开展

1. 蔬菜扎染

2. 剑门豆腐

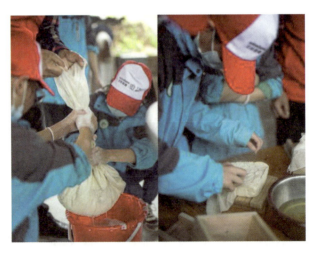

3. 烹饪实训

4. 农耕课程